Attilio Brilli

Das rasende Leben

C'È UNA
BUGATTI
NON SI PASSA !
SOC. COMM. IT. AUT.
BUGATTI
AGENZIA GEN. VIA P. COLLETTA 27 - MILANO

Attilio Brilli

Das rasende Leben

Die Anfänge des Reisens mit dem Automobil

Aus dem Italienischen von
Annette Kopetzki

Verlag Klaus Wagenbach Berlin

Die Originalausgabe erschien 1999 unter dem Titel *La vita che corre* bei Società editrice il Mulino, Bologna.

Der Verlag dankt dem Autor für die freundliche Bereitstellung der Abbildungen. Wir danken außerdem den Firmenarchiven von Citroën, Fiat, General Motors und Pirelli. Seite 15: AKG, Berlin. Seite 182: Roy Lichtenstein, *In the Car, 1963* (© VG Bild-Kunst, Bonn 1999).

Wagenbachs Taschenbuch 354
Deutsche Erstausgabe

Verlag Klaus Wagenbach, Emser Straße 40/41, 10719 Berlin. Umschlaggestaltung Groothuis & Consorten unter Verwendung eines Bildes von Mary Ann Lasher (aus *Great Tours and Detours*, Ebury Press, London). Gesetzt aus der Guardi von der Offizin Götz Gorissen, Berlin. Das Karnickel auf Seite 1 zeichnete Horst Rudolph. Gedruckt auf chlor- und säurefreiem Papier und gebunden durch Pustet, Regensburg. Printed in Germany.
ISBN 3 8031 2354 2

Nino Nanni, Werbeanzeige (zwanziger Jahre)

Einführung

Die Schlüssel zum Auto

Bevor wir den Motor anlassen – den Motor der Einbildungskraft natürlich – ein paar Worte darüber, wie dieses Buch sich mit dem Mythos des Autos, dem Mythos des 20. Jahrhunderts schlechthin, beschäftigen wird. Die Geschichte der Entstehung und Entwicklung dieses Mythos bildet für uns, die Pilger von heute, eine außergewöhnliche Reise durch Zeit und Raum. Dieses Buch verbindet Themen wie die Erfahrung von Geschwindigkeit und veränderter Wahrnehmung, die Liebe zum Reisen und technologische Neuerungen, die Verführungen durch einen Mythos und seine teilweise Entzauberung. Es untersucht, wie die Kunst des Reisens fortlebt und wie die Erfahrung von Bewegung sich im historischen Moment ihrer größten Krise verändert: beim Übergang von der Postkutsche und dem Eisenbahnwagen zum Automobil.

Hier soll keineswegs ein Loblied auf die Geschwindigkeit oder den blindwütigen Pioniergeist und ihren gewaltsamen, lärmenden Einbruch in den gemächlichen Fortschritt der Geschichte des Reisens gesungen werden. Vor allem in Italien hat dieses verkürzte Erklärungsmuster zur Bildung eines Mythos und eines mythisierenden Sprachgebrauchs beigetragen. Schon ein kurzer Blick auf das frühe 20. Jahrhundert in Italien zeigt uns stereotype Bilder vom Automobil, Bilder, die

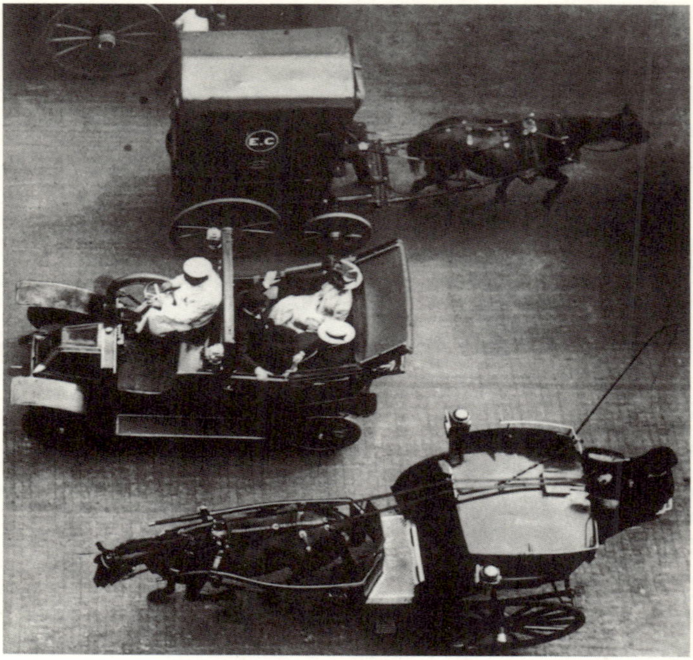

Ein neues Zeitalter. Motortaxi in London, 1907

fast nur mit Wettkämpfen, sportlichen Herausforderungen oder Rekorden zu tun haben: So wurde es in den Bildenden Künsten, auf Werbeplakaten und in einem Großteil der Literatur, die sich mit diesem Fahrzeug beschäftigte, dargestellt. Diese unvermeidlich schwärmerische Literatur ist natürlich die bekannteste und am häufigsten zitierte zum Thema Automobil. Doch das neue mechanische Fortbewegungsmittel ist nicht ausschließlich unter den Vorzeichen D'Annunzios und der Futuristen entstanden, und es ist nicht nur ein Rennwagen, dessen »Motorhaube große Röhren schmücken, die aussehen wie Schlangen mit feurigem Atem«, wie Marinetti schreibt, oder nur jenes »herrliche, gewaltige Ungeheuer, durch das ein heftiges Zucken geht, weil sein ungestümes Herz sich empört«, von dem Morasso 1905 spricht. Das Auto als ebenso verstörendes wie begeisterndes Götzenbild, das zum dionysischen Kult des Geschwindigkeitsrausches und zu waghalsigen Abenteuern verführt, das im unvorsichtigen Benutzer aggressive Instinkte weckt, weil es sich als eine echte, wenngleich unpassende Waffe anbietet, ist nur ein Aspekt der sehr viel komplexeren Vorstellung, die man sich am Ende des 20. Jahrhunderts vom Auto macht.

»Das Automobil hat den epischen Geist der Reise wieder zum Leben erweckt«, notiert die amerikanische Schriftstellerin Edith Wharton 1909, als sie mit ihrem Wagen über die Straßen Italiens und Frankreichs fährt, und damit hat es uns das wiedergegeben, »was die Fahrten unserer Großeltern, die in der Kutsche reisten, mit Leben erfüllt hat: die Fähigkeit zu staunen, die Lust am Abenteuer und am Ungewohnten«. Ein Teil unseres Buches wird diese Behauptung erläuternd kommentieren und damit auch die Zeit, aus der sie stammt – das frühe 20. Jahrhundert –, als man begeistert, aber auch mit Vorbehalten den lustvollen Schauder entdeckt, den das neue mechanische Transportmittel bereitet, und die erträumten Reiserouten sich dementsprechend verändern und verzweigen. Knapp ein Jahr vor Edith Wharton hatte Carlo Placci in seinem Buch über kunstgeschichtliche Exkursionen mit dem neuen mechanischen Pferd geschrieben, daß »die Idee des Kraftfahrwesens« darin bestehe, »das Leben zur Zeit der Postkutscher mit der Schnelligkeit unserer Tage« zu verbinden. Das Auto wird von diesen passionierten Liebhabern also aus eben jener epischen Perspektive wahrgenommen, die mit seinen Anfängen wiederbelebt werden konnte. Im Jahre 1909 bemerkt Tristan Bernard, daß die Bücher über das Automobil kein eigenständiges literarisches Genre bilden, weil sie eigentlich eine Rückkehr zum Abenteuerroman darstellen, eine Rückkehr in Zeiten, als die

Romanhelden mit Kaleschen und Postkutschen reisten und sich von den Flügeln des Zufalls fortbewegen ließen. Dasselbe gilt für Amerika, wo das Automobil das Epos der nicht weniger romanhaften *frontier novel* wiederbelebt.

Obwohl dieses Buch sich mitunter auf die technische und ästhetische Entwicklung des mechanischen Fortbewegungsmittels beziehen wird, beginnend mit jenem Schicksalsjahr 1886, als Carl Benz und Gottlieb Daimler das erste Fahrzeug mit eingebautem Verbrennungsmotor vorstellten, ist es keine Geschichte des Autos, wenigstens nicht im traditionellen Sinn. Viele europäische und amerikanische Schriftsteller werden als durchaus glaubwürdige Zeugen zitiert, um von ihren unmittelbaren Erlebnissen oder durch den Filter der Erinnerung über das Auto zu sprechen, und ihr umherschweifendes »rouler en bagnole« zu beschreiben. Außerdem kommen noch andere, weit weniger bekannte Personen zu Wort, denn gerade sie können uns Aspekte und Augenblicke des neuen mechanischen Fahrzeugs vor Augen führen, die von einer eher schwärmerischen Sichtweise vernachlässigt wurden. Auch soll hier keine Sozialgeschichte des Autos entworfen werden, obwohl die einschneidenden Veränderungen Berücksichtigung finden, die sein Auftreten und seine rasche Verbreitung im Alltagsleben, in den zwischenmenschlichen Beziehungen und in der Vorstellungswelt vom ersten Moment an bewirkten, da es sich »als Alibi für Geschwindigkeit und Sinnlichkeit« anbot, um mit Henri Lefèbvre zu sprechen. Ebenso wichtig ist die radikale Veränderung des ganzen Planeten, die das Auto durch den Bau eines immensen Straßennetzes mit all seinen Unterführungen und Autobahnkreuzen und den überall entstehenden Brustdrüsen für die Versorgung des Gefährts mit der entzündbaren Milch herbeigeführt hat. Selbst die Städte haben sich nach den Anforderungen des neuen mechanischen Transportmittels geformt und, was noch schlimmer ist, die alten europäischen Städte haben zugelassen, daß ihre Mauern schändliche Risse und Einschnitte erlitten, womit sie, wie Henry James sagte, die ehrwürdigen Geister der Vergangenheit vertrieben.

»In einer plötzlich auftauchenden Kurve zuckte eine Art Peitsche auf einer Seite des Autos, das beim jähen Tritt auf die Bremsen schlingerte«: So beginnt eine Kurzgeschichte von Emilio Cecchi, *La serpe*, in der man, vom Autor vielleicht nicht beabsichtigt, das zwiespältige Wesen des Autos in Form eines Gleichnisses erfassen kann. Ein wendiges und schnelles Mittel für Erkenntnis, mit dem sich entfernte Ziele wie die märchenhafte Villa aus der Erzählung erreichen lassen, bleibt es doch immer eine fremde Macht, ein von Menschen gemachtes, grausames Ding, das die Natur in Gestalt der Schlange, dem Tier, das sie wie kein anderes symbolisiert, verletzt. Die brutale Unempfindlichkeit des Rades und die noch in schmerzhafter Verkrampfung ebenmäßige, harmonische Form dieses Erdengeschöpfes werden zum Sinnbild eines Zeitalters. Sie bezeugen die Unmöglichkeit einer Synthese und eines Zusammenlebens, über die viele europäische und amerikanische Autoren dann geschrieben haben.

Dieses Buch hätte den Untertitel »Von Prousts *Tage im Automobil* bis zu Ballards *Crash*« tragen sollen, doch abgesehen vom großen Ungleichgewicht der genannten Titel hätte dies eine abgeschlossene Entwicklungslinie nahegelegt, die im Verlauf des 20. Jahrhunderts entsteht, sich entfaltet und endet. So verhält es sich nicht, oder jedenfalls nicht grundsätzlich, und darum beschreibt das Buch zwar, wie der Mythos des Autos entsteht und sich diesseits und jenseits des Atlantiks entfaltet, indem einige seiner Entwicklungslinien aufgezeigt werden, auf eine systematische und endgültige Bilanz wird jedoch verzichtet.

Bevor wir uns fragen, was die Anfänge des Autos bedeuten, können wir nicht umhin, das Zusammenfallen seiner

Geburtsstunde mit der des 20. Jahrhunderts zu konstatieren. Es schien daher zweckmäßig, seine Kindheit mit Hilfe der Kindheitserinnerungen von Schriftstellern zu rekonstruieren, die die Verführungskraft dieses Mythos schon erstaunlich früh wahrgenommen haben. Man entdeckt auf diese Weise einen Zusammenhang zwischen der Entwicklung des Autos, seinem hypnotischen Zauber, seiner mechanischen Sinnlichkeit und den Wachstumsphasen seines entzückten Benutzers. Dieser Zusammenhang hat sich ganz natürlich für den Aufbau des Buches angeboten. Das Auto erweist sich nämlich als zentrales und sogar entscheidendes Element in den wichtigen Riten, die mit bestimmten Lebensabschnitten des Menschen verbunden sind, beginnend bei der Jugend, in der es den flüchtigen Stoff der Träume ganzer Generationen verkörpert. In diesem Sinn darf das Buch als Geschichte eines Mythos verstanden werden, des wichtigsten Mythos des 20. Jahrhunderts überhaupt. Er hat dieses Jahrhundert viel entscheidender geprägt als andere große Phänomene des Zeitalters, von der Entdeckung der Atomenergie bis zur Raumfahrttechnik und der Fernmeldetechnologie. Überdies hatte das Auto immer mit der Literatur zu tun, sowohl als Hauptfigur wie in Nebenrollen.

Das Automobil wurde aus der Ehe zwischen der Wissenschaft und den menschlichen Bedürfnissen geboren. Es ist daher zum Symbol für den Fortschritt und die Herrschaft über die Dinge, für Autorität und Befreiung geworden. Oft zeigt es sich als Anreiz zur Überschreitung von Gesetzen und Normen, als Aufforderung, den unzivilisierten Barbaren zu befreien, der sich mit seinen aggressiven Instinkten heimlich in jedem Individuum versteckt. Das neue Fortbewegungsmittel hebt die Empfindungen von Fremdheit und Ferne tendenziell auf, vor allem verkürzt es den zermürbenden Flirt zwischen Entfernung und Begehren. Tollkühne Herausforderungen der Zeit verwandeln sich durch das Auto in wahre Duelle mit dem Tod. Sehr früh schon erweist sich das Gefährt als hervorragendes Werkzeug der Verführung, wobei ihm der Rausch der Geschwindigkeit und die Lust am halsbrecherischen Wagnis zu Hilfe kommen. D'Annunzio, Morasso, Bierbaum und Mirbeau sind einige der Herolde einer solchen Auffassung des teuflischen Ungeheuers. Ebenso wichtig sind jedoch seine Qualitäten als Transportmittel für Entdeckungsreisen, die es möglich machen, bis dahin noch unbezwungene physische und kulturelle Schranken zu überwinden und große Entfernungen in erstaunlich kurzer Zeit zurückzulegen. Man denke nur an die interkontinentalen Autorennen, die vor und nach jenem berühmten Wettkampf, von dem Barzini mit seinem Wunderwagen Itala erzählt, plötzlich überall stattfanden.

Es gibt jedoch noch einen anderen, fast unbeachteten Aspekt, der das Auto, benutzt man es für Bildungsreisen – oder ästhetische Reisen, wie man früher sagte –, zu einem Mittel der Erkenntnis und des Vergnügens macht. In Europa läßt es unbekannte neue Reiserouten entstehen, da mit ihm Gegenden erreichbar werden, die von den gewöhnlich befahrenen Strecken und den Eisenbahnlinien ins Abseits gedrängt worden waren. 1907 stellte Rudolf Borchardt unmißverständlich fest, daß die Eisenbahn aus Italien das unbekannteste Land Europas gemacht habe. Für Edith Wharton bis Marcel Proust, Aldous Huxley bis Robert Byron wird das Automobil zu einem leidenschaftlich geliebten Fortbewegungsmittel, zum Symbol individueller Freiheit und einer neuen Weise, die hinter den Fensterscheiben vorüberziehende Landschaft wahrzunehmen. Dennoch hat das Auto, gerade was die einschneidende Veränderung in den gewohnten Wahrnehmungsweisen der Welt außerhalb des Fahrzeugs betrifft, seit seinen Anfängen Verwunderung, Skepsis und Fragen hervorgerufen. Die kritischen Überlegungen von Henry James, der ein Buch, seine *Italian Hours*, und ein

Zeitalter, das 19. Jahrhundert, mit dem Bericht über eine Autofahrt schließt, sind in dieser Hinsicht prophetisch, wie übrigens auch einige berühmte, sehr scharfsinnige Beobachtungen Pirandellos über die aufregende Erfahrung der Geschwindigkeit und über den vom Auto erzeugten Reiz des Künstlichen sowie die Spiele der Vortäuschung.

Es gibt eine Entwicklung des Autos, die wir anhand der Lebensalter und der geheimen Wünsche des Menschen verfolgen werden, es gibt aber auch eine Geographie, die verdeutlicht, wie das Auto von Kontinent zu Kontinent, von Land zu Land ganz unterschiedlich begriffen und benutzt wurde. In der Neuen Welt entsteht nämlich, vermittelt über die Tradition der sogenannten *frontier novel*, eine Art pikareske Literatur, in der das Auto zunehmend eine entscheidende Rolle spielt. Das Automobil ist europäischer Herkunft, wird aber durch Adoption amerikanisch, und erlebt in den Vereinigten Staaten eine in Europa nie gekannte, ebenso plötzliche wie umfassende Verbreitung, mit der die Isolation hunderttausender amerikanischer Farmer endet. Die von Henry Ford 1911 mit dem Modell T – der Tin Lizzy – begonnene, serienmäßige Herstellung macht das Auto in kurzer Zeit unter dem Motto »ein Auto in jeder Garage« für breite Gesellschaftsschichten zugänglich. In eben diesem Jahr, 1911, bemerkt die junge Amerikanerin Tryphosa Bates Batcheller bei ihrem Besuch der Fiat-Werke die Zurückhaltung des damaligen Generaldirektors Marchesi gegenüber der »amerikanischen« Fertigungsweise, mit der sich »Tausende von Autos in der Minute ausstoßen lassen«. In dem engagierten Bericht wird der »unzuverlässigen« Qualität des Fließbandprodukts die nostalgische Aura des europäischen Arbeiters entgegengehalten, der mit seiner Liebe zum Einzelstück »für jene Präzisionsarbeit bürgt, die die Schweizer Uhren weltberühmt gemacht hat und die italienische Autos bei allen Rennen siegen läßt«. Unterschiedlichen Produktionsweisen entsprechen

Ford-T Produktion in Detroit, 1913

unterschiedliche Mythologien. Das neue Fortbewegungsmittel wird schon bald zur unumschränkten Hauptfigur in der amerikanischen Vorstellungswelt, und schließlich kann William Faulkner behaupten, das einzige, was der Amerikaner wirklich liebe, sei das eigene Auto. Dem neuen Fahrzeug werden die wichtigsten symbolischen und rituellen Funktionen anvertraut, was in diesem Ausmaß in anderen Gesellschaften undenkbar wäre: »Außer der Kirche gibt es im amerikanischen Leben nichts, was so zur Aufrechterhaltung der öffentlichen Moral beiträgt, wie das Auto«, stellt der ehemalige Gouverneur von New Jersey, E.C. Stokes, 1921 fest. Weiter sagt er: »Wenn jede Familie dieser Nation ein Auto besäße, wäre der familiäre Zusammenhalt enger und viele Probleme, die von der sozialen Unordnung herrühren, wären ganz leicht zu lösen... Das Auto gehört zu den besten Priestern und Predigern des Landes.« Und hatte sich Henry Ford nicht schon früher in missionarischem Ton an fünfzehn Millionen potentielle Käufer der Tin Lizzy gewandt und erklärt, er sei stolz, ihnen und ihren Familien »den Segen vergnüglicher Stunden in den großen Räumen des Herrn« anbieten zu können?

Was in der Kultur der Neuen Welt begeistert, ist die Vielfalt der Rollen, die das mechanische Fahrzeug von seinem ersten Auftreten an übernimmt. Es macht sich zum Mittel und zum Zweck der großen Mythen dieses Landes, von der Verfolgung des amerikanischen Traums bis zum Hinausschieben der neuen Grenze an immer entferntere Horizonte, und es bietet sich als Ersatz für jede Art geschlossener Intimsphäre an. Die amerikanischen *road movies* liefern dafür unerschöpfliche Beispiele. Das Auto besitzt in diesen Filmen einen Symbolwert, der, wie verschieden die Themen und Situationen auch sein mögen, immer auf einen möglichen Fluchtweg, auf eine fast unmöglich scheinende Befreiung zielt. Dazu gehört auch die dramatische Verwandlung des amerikanischen Traums in die bedrohlichen Formen des Alptraums, in einen Ausbau des Straßennetzes bis zu einem Sättigungsgrad, der uns heute zwingt, das Fortbewegungsmittel wie ein Nessusgewand zu empfinden. Das ist natürlich ein anderes Thema, welches uns viel direkter betrifft und über das wir im Zusammenhang mit den Veränderungen des Autos in der heutigen Welt sprechen werden, wo dieses zu einem Element der Bedrohung und zu einem Symbol blinder Aggressivität geworden ist. Trotz allem gibt es jedoch immer noch Momente in unserem Leben, wo die Wagenschlüssel, haben sie die Rolle eines alltäglichen Fetischs erst einmal verloren, uns einen Zugang zur Phantasie und manchmal auch zum Traum öffnen können. Vielleicht liegt es daran, daß wir, wenn wir an das Auto denken, immer geneigt sind, es mit den Augen von gestern zu betrachten und es allein auf weiter Flur über gewundene, weiße Wege und blaue Straßen fahren zu sehen, anstatt im Stau auf verstopften Autobahnen.

Verbotene Spiele

Blechautos

Der Start der Automobile zu einem Spurt über die Champs Elysées, den der junge Paul Morand erlebt, ist der symbolische Beginn des Jahrhunderts, das mit seinen Mythen und Riten soeben für uns zu Ende geht. Ein aufgeregter Beginn, wie er zu den neuen Hauptfiguren paßt, zum Dietrich mit seinem vernickelten Kühler – schön wie der Parthenon, wird Le Corbusier sagen –, zu den leisen, dampfgetriebenen Serpollets, den von feinen Stahlplättchen gekühlten Mors und den furchterregenden Panhard Levassors; ein Beginn, der für uns Nachkommen den unbestimmten Beigeschmack eines schönen Märchens hat. Ein zeremonieller und förmlicher Beginn überdies, mit Startern in Gehrock und Zylinder, wie bei Duellen üblich, und ein Beginn, der zur Geschwindigkeit paßt, dem Mythos des gerade angebrochenen Jahrhunderts. Es sind also wiederkehrende, süße Erinnerungen, denen Morand sich in seinem Essay mit dem vergnüglich onomatopoetischen Titel *Teuf-Teuf* hingibt, eine Rückkehr in die Jahre seliger Unwissenheit, durch die eines Morgens bei strahlendem Sonnenschein nicht mehr das gewohnte, fröhliche Marktgeschrei von der Straße dringt, sondern die plötzlich von nervösen, gereizten, sonderbaren Geräuschen zerrissen werden, wie man sie nie zuvor gehört hatte.

Werbeanzeige für Reifen von Georges Gaudy, um 1900

Mit ähnlichem Getöse, aber ohne irgendein Ritual, im Gegenteil, mit der typischen Ungeschliffenheit des Pioniergeistes, hatte das Jahrhundert auch jenseits des Atlantiks begonnen. Der amerikanische Kontinent schien weniger auf waghalsige Rennen durch taufeuchte Parkanlagen oder Wettkämpfe mit Sturzfahrten von den ockerfarbenen Mauern einer alten Stadt zur anderen als auf das Erscheinen eines unermüdlichen und anspruchslosen mechanischen Pferdes – passender Gefährte des ruppigen Rinderhirten – gewartet zu haben, mit dem sich auf direkten Wegen endlose Entfernungen überwinden ließen. Diese Eigenschaften und Anforderungen erfüllte der erste Prototyp von Henry Ford, der beim Anbruch des schicksalhaften Jahres 1900 auf die Straße gestellt wurde. Seine Geburtsstunde rekonstruiert dreißig Jahre später John Dos Passos in *Hochfinanz*, dem letzten Band der Romantrilogie *U.S.A.*, dieser einzigartigen Sammlung und Beschreibung amerikanischer Mythen. Wie Morand richtet auch Dos Passos seine Aufmerksamkeit vor allem auf die ersten Laute des Jahrhunderts – zuerst ein unterdrücktes Hüsteln, dann ein Geknatter, eine unaufhaltsame Reihe von Knallgeräuschen – und auf seine Verkörperung in dem Geschöpf, das dieses Jahrhundert am besten repräsentiert. So beschreibt Dos Passos, der wie immer auch hier so tut, als zitiere er aus einer Reportage, aus einem Zeitungsartikel, das neue Gefährt:

> Mr. Ford, Automobilist, gab erst einmal seinem Rößlein drei- bis viermal einen scharfen Ruck mit Hilfe des Hebels rechts vom Sitz, das heißt, er schob den Hebel heftig auf und nieder, um, wie er sagte, Luft mit Benzin zu mischen und den Brennstoff in den Explosionszylinder zu treiben... Mr. Ford betätigte einen kleinen elektrischen Schalter, und es gab ein Puff Puff Puff... Das Puffen des Motors ging in eine höhere Tonart über. Die Maschine sauste mit einer Geschwindigkeit von etwa zwölf Kilometern dahin. Die Straße hatte tiefe Furchen, aber die Maschine bewegte sich mit einer traumhaften Gleichmäßigkeit. Kein Stoßen und Rütteln, wie es sogar einem Straßenbahnwagen anhaftet... Inzwischen hatten wir den Boulevard erreicht, und der Automobilist ließ den Wagen voll anlaufen, indem er den Hebel ein wenig nach unten verschob. Hui! Mit unerhörter Schnelligkeit steigerte sich das Tempo der Fahrt. Während wir dahinsausten, folgte uns ein lautes Rattern, die neue Stimme des Automobils.

Kunstvoll gemacht ist diese einzigartige Geburtsurkunde, die den ersten Auftritt des Automobils in Amerika mit nüchternen, sogar technischen Tönen registriert, die doch eine unwiederbringliche Atmosphäre zu erzeugen vermögen. Der rituelle Charakter des Ereignisses, bei Morand ganz und gar inszeniert und geradezu mondän, ist hier in das gröbere Gewebe des Berichts eingebunden, aber er drückt sich in durchaus poetischen Wendungen wie »dreamlike smoothness« aus. Wer hätte gedacht, daß die Geburt des Autos die Dichtung in durchaus nicht kontrastierendem Sinne zu ihrem Zeugen aufrufen würde?

Auf das Jahr 1903 datiert Sinclair Lewis das Erscheinen

des Automobils von Samuel Dodsworth, eines großen Autobauers, der die Hauptfigur des gleichnamigen Romans ist. Die Entwicklung des neuen Fortbewegungsmittels ist nunmehr in Gang gekommen, und sie erweist sich sofort als unaufhaltsam. Deshalb geht es Lewis und anderen Autoren bei der Beschreibung des Fahrzeugs darum, die besonders charakteristischen Merkmale, die gemeinsamen, unverzichtbaren Elemente zu erfassen. Dies ist einer der großen Vorzüge der Literatur im Vergleich zur Reportage mit ihrem Bezug auf Wirkliches, zum angenommenen wahrheitsgetreuen Charakter von Tatsachenbeschreibungen. Für Sinclair Lewis erzeugt das neue Gefährt eine Illusion von Allmacht, einen Übermut, der einige Gefahren in sich birgt:

> Heute war er in besonders gehobener Stimmung, weil er seinen ersten Wagen fuhr. Und es war nicht einer jener »Benzin-Einspänner« mit dem Motor unter dem Sitz. Die Maschine prangte vorn unter einer mehr als zwei Fuß langen, stolzen Haube, und die Lenkradsäule war nicht senkrecht, sondern flott geneigt. Der Wagen sah schnittig und fast gefährlich aus, die Scheinwerfer waren wuchtige, von Azetylen gespeiste Apparate. Sam fuhr, von einem Gefühl weltbeherrschender Macht geschwellt, zwölf schwindelnde Stundenmeilen.

Tatsächlich hat das Auto bald nach dem Beginn des Jahrhunderts in jeder Hinsicht Einzug in die kollektive Vorstellungswelt gehalten, prägt bereits das Leben vieler Menschen auf beiden Seiten des Atlantiks und hat seine ureigene Doppelnatur als Transportmittel und stehender Unterschlupf, als lärmender Eindringling und schnell vorüberziehender Zeuge bereits gründlich zum Ausdruck gebracht. »Leute kommen vorbei, Dinge kommen vorbei: ein Pferd, das eine kleine Kalesche zieht ... ein lautes Automobil, ein stilles Automobil« – im Leben der Menschen nimmt das Auto sehr bald schon die Stelle einer zeitgemäßen Metapher ein, wie dieser Satz von James Agee zeigt. Eine Metapher für fahrende Fortbewegung überdies, die zum Sinnbild für das Leben selbst wird. Für

Apollinaire, der in dem Gedicht *La petite auto* von 1913 über eine Reise von Deauville nach Paris berichtet, bedeutet das Auto sofort ein wesentliches Element der Mythologie des neuen Jahrhunderts und der Metamorphose, die nunmehr im modernen Menschen vor sich geht. Sein Auftreten stellt sich als eine symbolische Neugeburt des Menschen dar, ein Sein in der Welt unter einem neuen Vorzeichen: »Und obgleich wir beide schon reife Männer waren / wurden wir jetzt erst geboren«, heißt es bei Apollinaire. Geboren in einem anderen Zeitalter, in einer unbekannten, neuen Mythologie, die das ganze Jahrhundert prägen sollte, und mit der wir uns heute immer noch auseinandersetzen. Das Potential, das in der Kutsche ohne Pferde schlummerte, war übrigens auch einer Persönlichkeit wie Emile Zola nicht entgangen. Obwohl er nur noch mit knapper Not einen Fuß in das neue Jahrhundert setzen konnte, hat er sich sehr begeistert über ein Fahrzeug geäußert, das die Schlüssel zur Zukunft bereithielt, und zu dem der Enthusiasmus der Jugend gut paßte. Vom Asthma geplagt, hatte er doch nicht auf einen bahnbrechenden, motorisierten Ausflug von Paris nach Versailles verzichtet, was ihm den gerührten Beifall des Präsidenten des französischen Automobilclubs einbrachte.

Den letzten Gang legt man nur für kurze Abschnitte ein, meint einer der Fahrer des Rennens auf den Champs Elysées, das der junge Morand beschrieb, denn ab dreißig Stundenkilometern wird es gefährlich. Die neuen Helden, stolze Beherrscher der Geschwindigkeit und der Technik, sind in windzerzauste Ziegenfelle gehüllt, tragen Sturmhauben, die den ganzen Kopf bedecken, und verbergen ihren Gesichtsausdruck hinter großen Brillen, die so dunkel sind wie die Bahnen des Schicksals. Ihre Anhänger berufen sich pflichtschuldigst auf den Bildervorrat aus der klassischen Mythologie, um daraus neue mythische Bilder zu schaffen: »Auf den ledernen Flügel über dem Rad gekauert«, erinnert sich Morand, »blies ein Mechaniker in ein großes Horn aus Kupfer, wie die Tritonen auf den römischen Brunnen in ihre Muscheln blasen.« Als ob der Anfang bereits den Keim zu seinem Ende enthielte, beginnt mit diesem Rennen jedoch auch der Ritus der Zerstückelung und Zerstreuung: Die Straße ist nämlich hinterher mit Schirmmützen, verlorenen Brillen, zerrissenen Reifen, kaputten Ventilen, unbrauchbaren Pumpen und zerbrochenen Rädern übersät. Gleichzeitig beginnt die Saison der Rekorde mit schier unglaublichen, tödlichen Ritualen, wie bei dem Rennen Paris-Madrid im Jahre 1903, das in Bordeaux abgebrochen wurde, weil es unter den Fahrern und den Zuschauern des neuen Traums zu vielen tödlichen Unfällen kam. Aus der jugendlichen Perspektive unseres Autors, die mit der des neuen Jahrhunderts zusammenfällt, das in dem mechanischen Ungeheuer sofort sein Wahrzeichen entdeckt, ist das Auto vor allem ein Synonym für Schnelligkeit und Kühnheit. Dies werden in Europa zusehends seine vorherrschenden Merkmale, und durch faszinierte Schilderungen setzen sie sich dann in der Literatur als ausschließliche Charakteristika des Autos durch. Viele eingefleischte Reisende, von Maurice Barrès über Edith Wharton bis zu Maurice Maeterlinck, möchten diese einseitige Interpretation des Autos allerdings überwinden, und betonen, daß das neue Fortbewegungsmittel eigens gemacht zu sein scheint, um die atavistische Lust an Entdeckungen und am künstlerischen Umherschweifen zu befriedigen.

An der Schwelle des neuen Jahrhunderts gibt es jedoch unter den leidenschaftlichen Reisenden nicht wenige, die den stinkenden Fahrzeugen mit Mißtrauen begegnen – in den Versen von Giorgieri Contri: »Die Maschine, die beißend / riecht und vorwärtsstürzt und dröhnt« –, von denen ganz allmählich, ohne daß die Betroffenen es merken, Pferdehändler, Fuhrknechte und Kutscher verdrängt werden, die Hauptfiguren jener vielfältigen und malerischen Welt der

Der »steam-gun carriage« von Captain Nicolas Cugnot, um 1769, erreichte für 12 Minuten 9,6 km/h

Droschken, Postkutschen und Pferdestationen, die George Sand, John Ruskin und ein nostalgisch gestimmter, um das Ende bereits wissender Henry James besungen hatten. Auch ein glühender Anhänger des neuen mechanischen Fortbewegungsmittels wie Marcel Proust fragt sich, ob das Automobil jemals die Eleganz gewisser »anciens attelages« erreichen wird, während Morasso schon seit 1905 mit Entschiedenheit befindet, der moderne Erzähler müsse über Autos sprechen und nicht über Kutschen, über Reisen und Fahrten im Automobil statt über Ausflüge zu Pferde, und er werde sich nach der neuen Mode kleiden müssen, statt weiterhin das veraltete Kleid des Reiters zu tragen.

Tatsächlich hatte sich das 19. Jahrhundert wie eine blitzende, unheimliche Gottheit verabschiedet, unter Geschnaube und Dampfwolken. Sie stammten von der Lokomotive, die, wenn sie kräftig Kühlwasser geschluckt hatte, um zu ihren mächtigen Schüben anzusetzen, schon seit einiger Zeit den Gang des Schicksals auf den Bahnhöfen stark beschleunigte und die Reisenden mit ihren glühenden Augen erschreckte. Andere Dampfwolken aber kamen, noch ungewohnt und leiser, wie aus einem gedämpften Maschinen-

»Going it by Steam«. Karikatur von Robert Seymour, 1829

gewehr, aus den ersten dampfgetriebenen Wagen, die ihr rauchendes, funkensprühendes Herz auf den Straßen spazierenfuhren. »Ich sehe sie noch vor mir, im Moment, als sie losfährt, unsere kleine dreirädrige Kutsche in der Rue de Cloys auf dem Montmartre«, erinnert sich Léon Serpollet, einer der Väter der modernen Fortbewegungsart. Es handelt sich um die Karosserie eines nie zuvor gesehenen Fahrzeugs, unter der eine Pfanne angebracht war. In der Pfanne befand sich heftig glühender Koks, der ein spiralförmiges Stahlrohr erhitzte: Dies war das pochende Herz des Gefährts, der eigens für das Automobil gebaute, schnelle Dampferzeuger. Serpollet hat auch nach dem unbestreitbaren Sieg des Explosionsmotors weiterhin begeistert am Mythos der Dampfmaschine festgehalten. Der detaillierte Bericht über eine fünftägige Probefahrt von Paris nach Lyon, die er 1890 mit seinem Mitarbeiter Ernest Archdeacon unternahm, ist eine der ersten Beschreibungen einer motorisierten Reise, die wir besitzen. Nachdem sie Paris ohne Schwierigkeiten hinter sich gelassen haben, erzählt Serpollet, rattert das Fahrzeug durch die weite Landschaft vor der Stadt, und alle Pferde schlagen aus und bäumen sich auf, wenn es vorbeikommt. Auf der Weiterfahrt zeigt der Wagen jedoch Anzeichen von Ermüdung und fängt an, Schraubenmuttern, Bolzen und Teile der Karosserie zu verlieren. In jedem Dorf steigen die beiden aus dem Automobil, suchen einen Amboß und machen sich, nachdem sie ihre Mäntel ausgezogen haben, daran, die Ersatzteile zu schmieden. Von Zeit zu Zeit gießen sie Wasser in das Spiralrohr und fahren eilig weiter. Dann kommt die Phase der Unfälle, die gleich reihenweise aufeinander folgen. Auf halber Höhe eines steil abfallenden Weges bricht der Hebel, von dem das einzige Leitrad gesteuert wird, plötzlich an der Stelle ab, wo er mit dem Fahrgestell verbunden ist. Die Bremsen werden gezogen, doch der Wagen fährt ungerührt weiter ... »Wegen einer solchen Kleinigkeit geben wir nicht auf«, sagt Serpollet. »Wir halten bei einem Eisenschmied, der uns eine riesige, unzerstörbare Stange zur Verfügung stellt. Weiter geht's, schneller als vorher. Die Stange hält. Plötzlich werden wir nach vorne geschleudert, als der Wagen abrupt anhält. Was ist jetzt passiert?« Eine Felge, die direkt vor dem Wagen rasch davonrollt, läßt darauf schließen, daß das zum Lenken dienende Rad sie soeben im Stich gelassen hat, um eigene Wege zu gehen. Sie fahren unbeeindruckt weiter. Jetzt ist die kleine Klappe des Heizofens an der Reihe, sich selbständig zu machen, dann ein Zylinder, der lose über dem Boden zu baumeln scheint ... Nach all den Umbauten und Reparaturen ist Serpollets Gefährt bei der Ankunft hundertfünfzig Kilo schwerer geworden!

Durch die Berichte und Erinnerungen von Zeitgenossen wieder zum Leben erweckt, können die Bilder vom ersten Auftritt des Automobils in noch weiter zurückliegender Vergangenheit gesucht werden, wo sie dann unweigerlich wie ein vergilbter Stummfilm mit wackligen, irrealen Bildern

De-Dion-Bouton (Bj. 1896) von Graf A. de Dion und G. Bouton

wirken. »Le Figaro« vom 17. Oktober 1875 berichtet zum Beispiel, daß alle, die an jenem Tag durch den Bois-de-Boulogne spazierten, verblüfft stehenblieben, als sie statt feuriger, glänzender, eleganter Pferdegespanne eine Kutsche erblickten, die sich von alleine vorwärts bewegte. Es nützte nichts, sich die Augen zu reiben und die Ohren zu spitzen. Es handelte sich um ein dampfgetriebenes Fahrzeug, das kein Geräusch machte und sich bewegte wie ein Automat, plötzlich anhielt, unvermittelt nach rechts und links schwenkte und sich mit wunderbarer Präzision um die eigene Achse drehte, fast als wollte es seine Aufwartung machen. Die Kutschpferde, die die Allee überquerten, zeigten Anzeichen von Nervosität, schienen aber keine Angst zu haben. Vom Fuß des Triumphbogens aus folgte eine beträchtliche Menschenmenge den Manövern des Dampfwagens, der nach einer raschen Fahrt auf dem Place d'Etoile anhielt. Wo der Wagen hinfuhr, wurde er von der Neugier und Bewunderung der Leute empfangen, die seinen Manövern oft applaudierten. Er war die Erfindung eines Ingenieurs aus Mans, Amedée Bollée, der ihn nach seinen eigenen Worten zum Zeitvertreib und für Spazierfahrten benutzte.

Schon bald ist das Erscheinen des Automobils auf den Straßen von Paris weniger außergewöhnlich, allerdings auch weniger diskret, es kehrt nun unmißverständlich alle Anzeichen seiner mechanischen Natur hervor: immer stinkender, lauter und aufgeregter. Mit seinem aufdringlichen Brummen rast es durch die verschlafenen Boulevards und zerreißt die Stille verträumter Plätze. Ilja Ehrenburg, der zu Beginn des Jahrhunderts in der französischen Hauptstadt als Emigrant weilte, erinnert an die sich fortwährend aufbäumenden Pferde und den hektischen Einsatz von Riechsalz durch die zu Tode erschrockenen Damen. Mit viel Sinn für Situationskomik und die groteske Wirkung von lakonischen Schilderungen beschreibt er uns die Manöver des neuen Fahrzeugs mit Explosionsmotor, das sich nur ruckweise, wie ein springendes Känguruh, bewegt, und das imstande ist, urplötzlich anzuhalten, um dann wie aus der Pistole geschossen wieder loszufahren, wobei es die Straßen mit einem höllischen Gestank erfüllt und lauter als ein sommerliches Gewitter in den Gassen widerhallt. Es sieht aus wie eine gewöhnliche Kutsche vom Typ eines Zweispänners, doch ohne Pferde, und ist trotzdem in der Lage, unter dem Zwang einer explosiven Maschinerie in seinem Inneren mit bedrohlicher Geschwindigkeit durch die Straßen zu rasen. Die schallgedämpften Prototypen mit Dampfantrieb gehören bereits jetzt zur Vergangenheit, ins Reich der Erinnerung, wohin sich seit langem schon die letzten Droschken und Postkutschen begeben haben.

Schon bald zeigen holprige Straßen die Mängel des neuen Fahrzeugs. In seinem Bericht aus dem Jahre 1901 über eine Abfahrt vom Gotthard mit einem 3 PS starken De Dion Bouton, der 350 Kilo wiegt, erzählt ein gewisser Arron, wie die aus ledernen Backen bestehenden Bremsen durchbrannten, kaum daß der Gipfel überwunden war. Nachdem er die Bremsen mehrmals ersetzt hat, gelingt es ihm, die Fahrt des Wagens zu verlangsamen, indem er ihn zunächst einen Baumstamm ziehen läßt, dann das Verdeck gegen den Wind aufklappt und schließlich auf die alte Methode mit dem Schuh zurückgreift, die darin besteht, ein Hinterrad zu blockieren, indem es ans Fahrgestell gebunden wird und man es auf einer Kufe aus Schmiedeeisen gleiten läßt.

Eine sorgenvolle Kindheit

Besonders faszinierend an dieser Anfangszeit des Automobils ist die Tatsache, daß seine Kindheit nicht nur mit der des Jahrhunderts zusammenfällt, dessen Mythos es werden soll, sondern auch mit der Kindheit von Schriftstellern, die am Auto ihre Vorstellungswelt bildeten, durch das Auto neue und bleibende Rituale – familiärer und anderer Art – erlernten, mit dem Auto unbekannte Ängste erlebten und neue Tabus verinnerlichten. Obgleich es zunächst nur auf einen ziemlich kleinen Personenkreis beschränkt bleibt, stellt sich das Automobil von Anfang an als ein Mittel dar, das Zugang zu einer neuen, höheren wirtschaftlichen und sozialen Stellung eröffnet. Der auffälligste Aspekt seines Erscheinens im Alltagsleben ist allerdings die enorme Verlockung zum Durchbrechen von Normen, die es ausübt, und deren Reiz sich in der einen oder anderen Weise niemand entziehen kann.

Wie andere Schriftsteller zeigt sich zum Beispiel auch Elizabeth Bowen befriedigt darüber, daß sie nicht nur im Jahrhundert der Geschwindigkeit, sondern auch in dem Moment geboren wurde, als die Geschwindigkeit sich gerade, noch staunend, selbst entdeckt, und die Automobile etwas Mythisches und Märchenhaftes bekommen – sie sollten es dann lange behalten –, was unauflöslich mit einem undefinierbaren Gefühl von Feindseligkeit verknüpft ist. In einer Art Bilanz aus der Erinnerung, die wie viele dieser Berichte stillschweigend die Kutsche zum Vergleich heranzieht, bemerkt sie, daß das Farbspektrum und die funkelnden Verzierungen aus Blech den Wagen ein recht auffälliges Aussehen verliehen. Gleichzeitig abstoßend und geheimnisvoll erschien der Explosionsmotor mit seinen Ausbrüchen und dem fürchterlichen Getöse. Wir befinden uns offensichtlich in einer noch ungestümen und plumpen Entwicklungsphase des Mythos, bereits weit entfernt von den langsam schaukelnden Kutschen, aber noch nicht beim leisen Surren angekommen, das in nicht allzu ferner Zukunft die Autos der Mrs. Dalloway begleiten wird. Diese Wagen umgibt dann eine undurchdringliche Reserviertheit; wenn sie entschwinden, hinterlassen sie eine feine Spur, die wie leicht gekräuseltes Wasser zwischen den Handschuhläden, Hutgeschäften und Schneidereien des von Virginia Woolf so geliebten Bloomsbury hindurchfließt.

Diese noch unreife Frühzeit des Autos, dieser erste Auftritt eines übelriechenden, entsetzlich lauten Fahrzeugs, das sich noch gründlich wandeln wird, scheint in Louis Ferdinand Célines *Tod auf Kredit* besonders gut getroffen zu sein. Céline sieht sich wieder als mißgestimmter Säugling, vorübergehend besänftigt, auf dem »Dreirad« des Onkels Edouard, »ein Einzylinder, massig wie eine Haubitze, mit einer Halbkutsche vorn«. Céline ist aller Wahrscheinlichkeit nach der erste, der uns die Beschreibung eines Sonntagsausflugs der Familie mit dem Auto liefert, und er hält damit ein zum Gemeinplatz gewordenes Sonntagsritual des Jahrhunderts fest, dessen fortwährende Echos und Wiederholungen sich mühelos in der gesamten europäischen und amerikanischen Literatur bis hin zu den letzten Neuerscheinungen finden lassen: »An diesem Sonntag standen wir noch früher auf als gewöhnlich«, beginnt er. »Man wischte mir gründlich den Hintern aus. Bei der rue Gallion wartete man eine Stunde, bis die Maschine kam. Die Abfahrt zum Ausflug war keine Kleinigkeit. Zu sechst taten sie sich zusammen, um das Fahrzeug zu stoßen. Wir füllten den Tank. Es spritzte nach allen Seiten. Das Schwungrad gab Rülpser von sich… Furchtbare Explosionen folgten aufeinander. Flugs ging es wieder an… Man spannte sich zu dritt, zu sechst vor… Endlich ein starker Knall!… Der Motor beginnt zu laufen. Noch zweimal geriet er in Brand… Er wurde schnell gelöscht.« Dann folgt die Beschreibung der Fahrt, oder besser, ihrer außergewöhnlichen, katastrophalen Umstände: »Das Dreirad bäumte sich auf und fiel zurück… Noch zwei, drei Stöße machte es… Furchtbares Gekrach und Gerülpse… Die Menge strömte entsetzt zurück. Man glaubte schon, wir seien hin… Aber die Karre erklomm in kräftigen Rucken die rue Réaumur.« Auch der Zustand der Passagiere wird beschrieben, die Figur des Fahrers und der unvermeidliche, fortschreitende Verlust verschiedener Teile des Gefährts: »Vorne bei uns gab es bereits eine Krise… Meiner Mutter war schon schlecht im Magen. Wenn sie sich gehen läßt, wenn man hält, kann es das Ende des Motors sein… Meine Mutter beherrscht sich wie eine Heldin. Mein Onkel, auf seiner Hölle nistend, ein behaarter Taucher, von tausend Flämmchen umzüngelt, beschwört uns über die Lenkstange weg, uns nur ja festzuhalten.« Es folgt das mittlerweile übliche Auseinanderfallen des Autos, dem der Aufruhr in den Mägen der Passagiere entspricht: »Mein Vater folgt unserer Spur. Er radelt uns zur Hilfe herbei. Er klaubt alle Bestandteile auf, die sich nach und nach ablösen, Bolzen, kleine Stifte, große Stücke. Man hört ihn schimpfen, fluchen, noch lauter als der ganze Krach.« Mit unaufhaltsamem Crescendo erreicht die Demontage des Wagens schließlich tragisch-epische Töne: »Wir sind ganz dem Pflaster ausgeliefert ... Das von Clignancourt hat uns die drei Ketten zerrissen ... Das von Vanves bedeutete den Bruch der Vorderfedern ... In den kleinen Querrinnen bei La Villette haben wir alle Laternen und die Hupe, die wie ein Schlangenmaul aussah, verloren ... Bei Picpus und auf der Hauptstraße verloren wir so viele Sachen, daß mein Vater manche vergaß ... Ich höre ihn noch von hinten fluchen: ›Weltuntergang! Wir fahren in die Nacht hinein!‹«

Die frühe Kindheit des Automobils zu rekonstruieren, ähnelt jedoch auch einer langen, ermüdenden Schachpartie gegen Schatten und Gespenster, die das Gegenstück zu Célines Collage aus Erinnerungen bilden. War diese hellsichtig, bissig, plastisch, eingefettet mit jener widerlichen Wagenschmiere, mit der man die unförmige Blechkiste nährt, damit ihre Kugellager, Schrauben und Getrieberäder gut geschmiert bleiben, die sie dann ihrerseits in alle Himmelsrichtungen ausspuckt, so geht es hier darum, weit entfernte Bruchstücke wieder zusammenzustellen und die flüchtigen Erscheinungen des persönlich Erlebten an Dinge und Gegenstände zu binden, die der Wahrnehmung durch ihre Formen und Farben Anhaltspunkte bieten. An ihrer metallischen Konsistenz mag sich dann jener Strom von verirrten Erinnerungsbildern festhalten. In den Erinnerungen an Familienszenen scheint das Auto als Ganzes, auf den polierten Oberflächen seiner Karosserie wie in seinem dunklen Inneren einen festen Zusammenhalt von Einzelheiten und Linien zu wahren, der den Menschen, die einmal in ihm saßen, vollkommen fehlt, fast als ob damit die hartnäckige Dauerhaftigkeit der Dinge gegenüber der traurigen Vergänglichkeit der Lebenden hervorgehoben werden sollte. Diesen Eindruck ge-

Werbeanzeige für Autobekleidung von Carl Moos, um 1905

winnt man deutlich bei einem beeindruckenden Passus des Romans *Die zweite Haut,* in dem John Hawkes sich in einer Art pränataler Erinnerung das Bild der Mutter vor Augen führt, die, eine junge Braut, neben dem Fahrer in einem kleinen, gelben, offenen Wagen mit hölzernen Rädern, breiten

Reifen mit weißem Rand und Scheinwerfern aus Blech verschwindet. Vergeblich versuchen wir, uns die Mutter vorzustellen, die Hauptfigur dieser Szene, in der sie doch ganz blaß bleibt. Ihr Gesicht sehen wir nicht, nur die letzte Geste der ewigen Eurydike: »Während die Reise auf einem abschüssigen Weg beginnt, beschränkt sie sich darauf, das Rund ihres Hutes mit den Fingern zu streifen und einen zarten weißen Arm wie zum Gruß zu heben.« Dann begreifen wir, daß die ganze Szene gestaltet ist wie das Hinübergleiten der Erinnerung in den Traum, wo die Gesichter unkenntlich bleiben, und die Geräusche in der Stille versinken. Die Rekonstruktion der Abfahrt und der Reise im Auto stellt sich als ohnmächtige – wenngleich für uns beeindruckende – Rekonstruktion von Details, Symbolen und Gesten dar, mit deren Aufzählung nur ein letzter Versuch gemacht wird, das Unwiderrufliche aufzuhalten. Das Auto brummt, doch auf eine lautlose Weise, bemerkt der Autor in diesem großartigen Versuch, Atmosphärisches mit Hilfe einer Überblendtechnik zu beschwören. Damalige Moden und Bekleidungsstücke werden aufgezählt, der Fahrer trägt eine weiße Mütze und einen weißen Staubmantel, eine große, dunkle Brille und einen schwarzen, um den Hals gebundenen Schal, der ihm Mund, Nase und Kinn verdeckt. Auch seine rituellen Gesten werden nicht vergessen, auch sie sind eingebettet in die Stille, in der sich alles verflüssigt: »Mit einer Hand, über der er einen Handschuh trägt, greift er rasch nach einem Hebel, lang und dünn wie ein Schwert, und es gibt augenblicklich ein Beben, sobald er den Arm beugt, mit der anderen drückt er die große schwarze Birne der Hupe, obgleich ich nichts höre, und krümmt sich noch mehr gegen den Wind; und jetzt ergreift er das Steuer, zu dem er mit ausgestreckten Armen Abstand wahrt, und dann wendet er den Kopf und wirft einen einzigen langen Blick auf das Gesicht meiner Mutter.« Er sieht dieses Gesicht, doch für den Autor und für uns hat sein Blick das Erinnerungsvermögen eines Spiegels. Alles ist Schweigen in dieser Welt der Schatten, alles ist farblos und alles scheint sich ganz dem Auto anzuvertrauen, der letzten Fähre der Träume.

Die Figur des vom Leben viel stärker verbrauchten und gebeutelten Vaters zeichnet John Hawkes uns in weniger unscharfen und weniger weit zurückliegenden Erinnerungsbildern, die außerdem bissiger und ironischer, doch ebenso anrührend sind. In seinem Roman durchläuft das Auto fortwährende Metamorphosen, da es die verschiedenen Lebensabschnitte begleitet, indem es einmal zum schwankenden, etwas angeschimmelten Hochzeitsbett, dann zum stinkenden, grotesken Schlupfwinkel für eine Verführung wird. Am Anfang steht jedoch wieder einmal das paradoxe Bild des Autos als Verbindungsglied zwischen dem Reich der Lebenden und dem der Toten, des Verbündeten von Juno und Proserpina. Das Auto erfüllt hier nämlich gegensätzliche Funktionen, an Werktagen dient es als Leichenwagen und nach geringfügigen Veränderungen wird es an Festtagen für die Familie und die Kinder zur Quelle für Unterhaltung und Vergnügen. Folgendermaßen rekonstruiert der Romanautor dieses einzigartige amphibische Transportmittel für Leichen und pausbäckige Kinder, wobei seine Beschreibung sich in fortschreitender Verengung des Blickwinkels schließlich auf das Bild des Handgelenks konzentriert, das langsam den Gummischlauch für ein altes Reinigungsritual in Gang setzt: »Ohne Kopfbedeckung, glatzköpfig und hemdsärmelig wäscht mein Vater die lange Limousine, die schwarz und heruntergekommen war, innen ganz mit rotem Samt ausgeschlagen, außer dem Fahrersitz aus schwarzem, glänzendem Lackleder, und oft nach unsichtbaren Blumen roch – dieser alte Leichenwagen, abgenutzt und einladend –, wenn er an Sonntagnachmittagen auch als Familienauto diente. Die Frau sitzend, das Auto tropfend, der Mann, der mit dem

Gummischlauch darüber geht und träge das Handgelenk dreht: Dies ist der Anblick, der dem heiteren Mittelpunkt meiner Kindheit am nächsten kommt.« Es ist das aufgeregte Warten, möchten wir hinzufügen, auf den Moment, in dem der traurige Nachen des Charon, nachdem er von seiner düsteren, schaurigen Ausstrahlung und dem bitteren Geruch verwelkter Kränze gereinigt wurde, zum imaginären Schiff auf der Fahrt in ein noch unwirklicheres Spielzeugland wird. Und manchmal wollen Kinder durchaus nicht erwachsen werden. So auch in der Geschichte des Cherokee-Häuptlings aus Oklahoma, die Carl Sandburg erzählt. Nachdem er für die Abtretung der Nutzungsrechte an einem Erdölgebiet ein hübsches Sümmchen Dollars kassiert hat, begibt er sich in einen Autosalon. In einer Ecke erblickt er einen brandneuen, chromblitzenden, mit viel überflüssigem Zierat versehenen, edlen, weißen Leichenwagen. »Der hier paßt genau zu mir«, sagt er, setzt sich hinein und läßt sich vom Fahrer, der am Steuer des luxuriösen Gefährts sitzt, fortbringen. Und unter dem gereizten Quietschen seiner Reifen kann dieses sich endlich vom schwülstigen Zurschaustellen von Trauer befreien.

In Erinnerungen auf das Jahr 1905 zurückblickend, ruft der autobiographische Roman *Die Stadt* von William Faulkner eine Episode aus der Jugend des Schriftstellers wach, die er in verträumter Unbewußtheit im väterlichen Haus in Jefferson, Missouri, verbrachte, als Jefferson noch mitten in einer ausgedehnten Sumpf- und Waldlandschaft lag. Es ist die Jugend von Lucius Priest – dem elfjährigen Faulkner – und gleichzeitig die des Automobils, das sich in der Neuen Welt, wo es niemals als exklusives oder elitäres Fortbewegungsmittel auftrat, sehr viel schneller und folgenreicher weiterentwickelte als in Europa. Seit der Produktion des Ford T wird das amerikanische Leben in so großem Ausmaß vom Gebrauch des Automobils geprägt, daß Nathalian West hämisch vorschlägt, den Lauf der Weltgeschichte in ein *vor* und ein *nach* Henry Ford I., der Ursprungsgottheit des neuen Zeitalters, einzuteilen. Wie oft passiert es übrigens auch uns selbst, jedem von uns, daß wir, fast ein Jahrhundert nach dieser Zäsur, Erinnerungen nach unseren Autos einteilen und ein bestimmtes Ereignis in unserem Leben, eine persönliche oder familiäre Geschichte an dem Auto festmachen, das wir damals besessen haben? Der Wagen ist nicht nur das Buch der Träume, von dem Calvino in *Amori difficili* spricht, wo alle zukünftigen Jahre im Leben der Hauptfigur von immer bequemeren und schnelleren Autos charakterisiert werden, sondern er ist auch das Lesezeichen im Buch persönlicher, ja sogar kollektiver Erinnerungen. Das Auto verkörpert das Vergehen der Zeit, und die Aufeinanderfolge neuer Modelle wird zur stillen Sanduhr, zur unermüdlich mähenden Sichel, wie man in einem Gedicht von Robley Wilson aus dem Jahre 1981 liest:

Wieviele Blumen brachten wir
Auf den Friedhof, wieviele Autos
Haben wir gekauft und wieder verkauft...
Kinder haben wir in die Welt gesetzt
Und immer dünner erscheint uns der Vorhang,
der uns vom Jenseits trennt...

Schon zu Beginn des 20. Jahrhunderts ist das Auto in Amerika zum unverzichtbaren Instrument gesellschaftlichen Erfolgs geworden, daher ist der Großvater der Hauptfigur in Faulkners Roman gezwungen, sich eines zu kaufen, um den Bewohnern der Stadt nicht minderwertiger als sein Konkurrent im Geschäftsleben zu erscheinen. Trotzdem hört er nicht auf, Pferden mit einer instinktiven Geste liebevoll den Hals zu streicheln. Für den Geldadel ist jene »serienmäßig hergestellte Badewanne mit vier Rädern und einem Motor« im Begriff, zum beherrschenden Wirtschaftsfaktor des Landes zu werden, während sie für alle anderen schon die Verkörperung des mächtigsten Mythos überhaupt und außerdem ein einzigartiges Mittel der Verführung darstellt. Das Erscheinen eines Autos vom Typ Winton Flyer versetzt die zeitlos stille, verschlafene Atmosphäre in Yoknapatawpha County in Aufruhr, denn sie ist noch nicht von Benzingeruch erfüllt, kennt den Aufprall von Schutzblechen und das Kreischen von Bremsen noch nicht, hat noch keine Vorstellung von Zeiten, in denen, wie Faulkner in *Sartoris* erzählt, das verrostete Skelett eines Ford, das zwiespältige Sinnbild von Wohlstand und Fortschritt, in den Tennen der Bauern auftauchen wird. Dem Auto wird vor allem die Aufgabe zugedacht, das Gefälle zwischen der städtischen und der ländlichen Welt zu mildern und die Isolation zu durchbrechen, die das riesige Land für die kleineren Städte, Bauernhöfe und abgelegenen Siedlungen bedeutet.

Die findigeren Bewohner der Gegend lassen sich von diesem Ereignis anregen, wie Mr. Buffaloe, der das Fahrzeug auseinandernimmt und wieder zusammensetzt, um zu verstehen, wie es gemacht ist, und der dann in genialer Nacheiferung innerhalb eines Jahres selber ein Auto baut. In den zerbrechlicheren und phantasievolleren Charakteren ruft es, als wäre es eine geheimnisvolle Gottheit, jene Art mit Unbehagen vermischte Neugier hervor, die zum Verlust der Selbstbeherrschung führt: Während der ersten Autofahrt, erinnert sich Faulkner, sah das Gesicht der Mama aus wie das eines kleinen Mädchens. Wie ein Totem macht das Auto alle anderen Gewalten zunichte, um zu seiner ausschließlichen Verehrung zu zwingen. Kinder und die, die Kinder geblieben sind, hoffen mit seiner Hilfe in die Welt der Erwachsenen einzutreten. Das gilt für den Schwarzen Boon, der trotz seiner zwei Meter Körpergröße nicht im geringsten vertrauenswürdig ist, wie auch für den Helden, der sein Verbündeter wird, als sie sich des Autos bemächtigen.

Damit beginnt die pikareske Reise des verrückten Schwarzen und des verträumten Jungen, eine Reise, die für letzteren einen regelrechten Initiationsritus darstellt. Der erste Akt dieses symbolischen Überschreitens einer Schwelle, die von der Jugend in eine andere, erwachsene Welt führt, besteht darin, sich mit dem Fahrzeug vertraut zu machen, es steuern zu lernen, es zu besitzen, indem man das Verhalten der Großen nachahmt. Genau das ist es, was Lucius jetzt unter der Aufsicht seines geistig zurückgebliebenen Mentors tut. Wie bei den Initiationsriten primitiver Völker bewegt sich der junge Adept nun plötzlich in einem anderen als dem alltäglichen, vertrauten Umfeld, wo seine Gefährten sich nicht aufhalten, und gleichzeitig befreit er sich aus den Koordinaten der Zeit. In dieser Art Limbus macht er ähnliche Erfahrungen wie die, die schon den Urahnen seines Stammes reifen ließen und ihn am Ende des Initiationsritus als einen Menschen entlassen, der nicht mehr das Kind ist, das er vorher war. Der Diebstahl des Autos, die Flucht und Lucius' Fahrt am Steuer des Winton Flyer sind der erste Akt dieses wichtigen Übergangsrituals, das mit einer Fahrstunde beginnt:

> So schlüpfte ich unter dieses Steuer, und ich und Boon, der neben mir war, über mir, durch mich hindurch ging, eine Hand auf meiner, wenn die Gänge eingelegt werden mußten, eine Hand auf meiner, um die Beschleunigung zu kontrollieren, fuhren auf diesem in der Sonne gleißenden Müllplatz hin und her, ein wenig vorwärts, ein wenig rückwärts, ganz vertieft, die Zeit vergessend, Boon genauso hingegeben wie ich, begeistert, half er mir, gerade zu steuern (bei dem Risiko, ihr versteht), außerhalb der Zeit, jenseits der Zeit, unverwundbar gegen die Zeit, bis die Uhr des Gerichts, die in einer Entfernung von weniger als einem Kilometer Mittag schlug, uns in die harte, nebensächliche Welt der Gemeinheit und des Betrugs zurückbrachte, zurückschleuderte.

Wenn wir nicht wüßten, daß es sich um eine allererste ungeschickte Lektion im Autofahren handelt, wären wir versucht, in diesem Zitat die Anspielung auf eine sexuelle Initiation zu lesen. In gewisser Hinsicht ist es das auch, allerdings noch ganz im Sinne einer aufgeregten, verwirrten Entdeckung der Liebe durch einen Jugendlichen. Der Schwarze und der Junge sind beide in das gleiche Objekt der Begierde vernarrt, angezogen von seiner blendenden, offensichtlichen Unerreichbarkeit, und auf Lucius wirkt der Winton Flyer fast genauso wie er Boon erschienen ist, als er zum ersten Mal davor stand und »das reine Mädchen seiner Seele, die jungfräuliche Liebe seines plumpen, unschuldigen Herzens« erblickte. Die lange Reise nach Memphis, mit List und Täuschung und durch Übertretung der elementarsten, ausdrücklichsten Verbote unternommen, ist daher eine initiatorische Reise für beide, eine Reise aus dem pflichtvergessenen, infantilen Arkadien und der frühen Unschuld, von der es keine Rückkehr gibt.

Während die Reise sie auf ihrem Bildungsweg weiterführt, häufen sich Prüfungen und Hindernisse, die es zu überwinden gilt. Die Begegnungen und Stationen der Reise gleichen denen eines Ritterepos, wohingegen die Unfälle eher zu dem neuen Transportmittel gehören. So zum Beispiel der Unfall im Graben bei Hell Creek, einer teuflischen Falle, offenbar wie geschaffen, um Autofahrer in einem Sumpf versinken und eine ganze Weile im Wasserbad stehen zu lassen, um sie schließlich gegen einen guten Batzen klingender Münze von zwei vor den Wagen gespannten Mauleseln herausziehen zu lassen. Unsere Helden fahren geradewegs hinein in diese »riesige Schale Milchkaffee«, die ihnen eine unbekannte Seite des Autos offenbart, nämlich seine unvermutete Verwundbarkeit: dieses teure, nutzlose, mechanische Spielzeug, das es zwar an Stärke mit Dutzenden von Pferden aufnimmt, nun aber ohnmächtig und hilflos im Griff der Erde und des Wassers feststeckt, harmlosen, friedlichen Elementen. Endlich gelangen sie an ihr Ziel, das Haus von Fräulein Reba, ein Ort, der uns nur mit einem einzigen aufschlußreichen Detail beschrieben wird: dem ungewöhnlichen, leicht süßlichen Geruch, der dort herrscht, ein Geruch nach Haut, Schweiß, Desinfektionsmitteln und Körperpuder. »Das ganze Haus hatte diesen Geruch an sich«, erzählt Lucius, »noch nie hatte ich so einen Geruch erlebt, ich meine, kaum hatte ich ihn in der Luft gerochen, war er wie ein Geruch, auf den ich mein ganzes Leben lang schon gewartet hatte.« Boon hat jetzt die wichtige Aufgabe, den erzieherischen Wert der ganzen Unternehmung so zusammenzufassen, daß er Früchte trägt. Dabei beschönigt er den Leichtsinn der Tat, indem er Lucius daran erinnert, wieviel er an einem einzigen Tag gelernt hat: wie man Auto fährt, wie man über die Felder nach Memphis gelangt, ohne die Eisenbahn zu benutzen, wie man ein Auto aus dem Sumpf zieht, alles Dinge, die ihm sehr nützlich sein werden, wenn er einmal groß und stark ist und ein Auto ganz für sich allein haben wird! Dann die abschließende, schicksalhafte Ankündigung: »Und heute abend wirst du noch andere Dingelchen lernen, an die du, glaub ich, bisher noch nicht gedacht hast.« Ist es verwunderlich, daß der Winton Flyer von diesem Moment an von der Bühne abtritt, beiseite gelegt wird wie eine Figur, die in der Erzählung nicht mehr gebraucht wird? Er hat seine Hauptaufgabe nunmehr erfüllt, die darin bestand, den Jungen aus dem vergoldeten Kokon der Unschuld herauszuholen, um ihn in jeder Hinsicht in das Erwachsenenleben einzuführen.

Die pikareske Reise im Auto taucht auch in anderen, sogar weit späteren Werken auf, und ihre immer ausdrücklich initiatorische Bedeutung beweist, daß das Auto in der zeitgenössischen Vorstellungswelt eine Hauptrolle eingenommen hat. Das zeigt sich auch in einem kürzlich erschienenen Roman von David Grossman, wo das Auto der jungen Hauptfigur nicht nur beim Erwachsenwerden hilft, sondern auch zum Mittel wird, anhand dessen er seine eigene Identität bildet. Wir haben diesen Roman ausgesucht, um auf unsere Seite des Atlantiks zurückzukehren und zu untersuchen, wie sich das Thema der Initiation auch unter ganz anderen Zeitumständen und Umweltbedingungen und trotz beträchtlicher Unterschiede in den technischen Eigenschaften der Autos weiter fortsetzt. Die Geschichte handelt von einem jungen Mann aus Jerusalem und seiner merkwürdigen Reise mit einem museumsreifen Bugatti, der von einem weltweit gesuchten Dieb gesteuert wird. Unvergeßlich ist allein schon, wie der Bugatti unter dem erstaunten Blick des Jungen zum ersten Mal auftaucht: »Schwarz. Mit zitronengelben Türen. Und groß. Das größte Auto, das ich je in meinem Leben gesehen hatte. Ergeben stand es mitten auf dem Feld, in der Nähe einer frisch ausgehobenen Straße. Wie ein riesiger, allein gelassener Hund, der auf seinen Herrn wartet. Von solchen Autos gab es zu der Zeit in Israel noch nicht viele. Es gab nicht mal eins, das ihm ähnelte. Es war brandneu, glänzend, umwerfend. Ich dachte, es sei ein Rolls Royce, aber es war noch irgendwas Besseres.« Doch das Auto gehört in das Reich des Wunderbaren, des unmöglichen Traums, der sich, wie im Märchen, nur für einen begrenzten Zeitraum erfüllen kann. Der Dieb und sein junger Begleiter benutzen das Auto mit der Großmütigkeit von Königen nur einen Tag lang, dann gehen sie über zu einem prosaischeren, grünen Volkswagen, »ein großer Frosch ... eine Kröte«, der überhaupt nicht ins Auge fällt.

Kennzeichnet der Bugatti den Beginn der langen Reise des Helden auf der Suche nach seiner Identität, so taucht an deren Ende ein Hamber Pullman auf, ein Auto aus der Zeit des Zweiten Weltkriegs, das der Vater des Jungen immer wie einen Fetisch gehütet hat, den man liebkost, bewundert, still anbetet, und dem man die mageren Ersparnisse opfert, um unauffindbare Ersatzteile zu kaufen. In der Erinnerung des Jungen repräsentiert der Hamber Pullman eine sublimierte Sicht auf das Leben, ein weniger gelebtes denn betrachtetes Leben, ein Leben, aus dem jede Reibung mit der Wirklichkeit verdrängt wurde. Der Junge erinnert sich, wie er zusammen mit seinem Vater das Auto mit Kindershampoo gewaschen hat, wie sie es in Gang gesetzt haben, um die Musik des Motors zu hören, wie sie den drei Meter langen Garten auf und ab gefahren sind, und das Auto fuhr, als hätte es Räder aus Samt, doch mehr nicht. In der Vorstellung des Vaters war das Auto seiner Träume immer ein Traum geblieben, ohne sich je verändern oder tatsächlich benutzt werden zu können. Als der Junge am Ende der langen Reise mit dem Dieb – der sich als sein Großvater entpuppen wird – den Hamber Pullman wiederfindet, ist jede Überhöhung für ihn daraus verschwunden, der Kontakt mit dem Leben ist jetzt direkt und unvermittelt. Zunächst ergreift der Großvater Besitz von dem Wagen, der sich nun, da er von seiner märchenhaften Aura befreit ist, unverzüglich aggressiveren Vergleichen aussetzen lassen muß: »Felix ließ den Motor an. Ich zählte im Geist die drei schwachen, entfernten Hustenstöße des Motors, die so schlecht zu seinem Herzen mit sechs Zylindern paßten. Dann schien der Motor das Auto zu packen, das aufzuckte wie Dornröschen nach dem Kuß des Prinzen, und sich mit Leben erfüllte. Felix löste daraufhin die Handbremse, legte den Gang ein, und wie diejenigen des Generals Montgomery im Krieg gegen Rommel setzten sich die vier Wüstenreifen brüllend und Sand verspritzend in Bewegung.« Danach kommt der Enkel an die Reihe, die Hauptfigur des Romans, dem der nun nicht mehr nur eingebildete Gebrauch des Wagens offenbart, daß er sich verändert hat: »Er zwinkerte mir zu und wir hielten an, um die Plätze zu wechseln. Mit Mühe reichte ich an die Pedale. Ich trat auf das Gaspedal. Das Auto sprang sehr kraftvoll nach vorn. Ich verlangsamte die Fahrt und wechselte den Gang. Die Maschine hörte auf mich. Sie kannte mich. Ich wußte, wie ich sie aufwecken und beherrschen mußte, ich hatte die Gesten im Blut. Der runde Knauf am oberen Ende des Gangschalters paßte sich meiner Hand perfekt an, und daran merkte ich, daß ich gewachsen war.« Gewachsen nämlich, um den Hamber Pullman zu fahren, um sich mit der Erinnerung an die Mutter auseinanderzusetzen, die vom väterlichen Wort fortwährend verdrängt worden war, so wie auch das nie benutzte, nie verbrauchte, wie das Leben nie genossene Auto zu einer bloßen Vorstellung sublimiert und im Grunde verraten worden war.

»Vielleicht liegt es daran, daß man mit Spielzeugautos und Go Karts und neuen Autos von Papa aufgewachsen ist«, heißt es in einer Erzählung von Alessandro Baricco. Sicher ist, daß das Auto mit der Zeit und seiner großen Verbreitung immer mehr Einfluß auf die neuen Generationen gewonnen hat. Schon als das Jahrhundert anbrach, hatte André Citroën die Idee, zu Werbezwecken eine große Anzahl kleiner Spielzeugautos zu verteilen, die dann die Schaukelpferde auf den Dachboden verbannten und in den Kinderzimmern jene Art Veränderung hervorriefen, die sich bald auch auf den Straßen der Stadt ereignen sollte. Für den französischen Autobauer war der Übergang vom mechanischen Spielzeug zum echten Auto nur eine Frage des Generationenwechsels. Die Kinder, die sich jetzt noch phantastische Reisen mit ihren kleinen Autos ausdachten und dazu die Lippen vibrieren ließen, würden schon bald in schnellen Cabriolets herumflitzen. Der Weg des Automobils war bereits vorgezeichnet, ebenso wie die Rituale, die es bis in unsere Tage mehr oder weniger eindeutig begleiten sollten. Der überwältigende Zauber zum Beispiel, den die allererste Fahrt im Auto in der Erinnerung annimmt, klingt immer wieder nach und erneuert sich mit jeder Jungfernfahrt im soeben neu erstandenen Wagen: wie der Ritus eines Sakraments! Von seiner Geburt an ist das Kind heute an die lautlose, geschmeidige Bewegung von Fahrzeugen gewöhnt, die nichts mehr mit dem knallenden Ungeheuer von Céline zu tun haben, obwohl ihm auf jeden Fall das Verdienst zukommt, daß er als einer der ersten begonnen hat, an dieses Ritual zu erinnern. Doch Gewöhnung schließt nicht aus, daß die symbolische Bedeutung wahrgenommen wird, von der das Leben des Autos mit all seinen Riten der Erneuerung erfüllt ist. Sie zeigt sich in ihrer ganzen Nachdrücklichkeit in dem Moment, da ein

Citroën-Modell des Spielzeugherstellers Fernand Migault im Maßstab 1:10, um 1922. Wahrscheinlich das erste Modellauto

neues Auto gekauft wird: »Am Tag, als wir das Auto kauften, einen schwarzen Cortina ... fuhr Papa die ganze Barrytown Road auf und ab, um Fahren zu üben. Uns ließ er nicht mal einsteigen«, so beginnt Roddy Doyle seine Erinnerung an eine denkwürdige und hysterische Jungfernfahrt, die von den Ermahnungen des Vaters an die Kinder, nicht überall Brotkrümel und Schweinereien zu verstreuen, begleitet wird. Innerhalb kurzer Zeit wird das Auto zu einem Teil der persönlichen Identität, kennzeichnet sie und unterscheidet sie von der anderer Menschen. Zwei Söhne sind Angestellte, der andere ist Arbeiter, sagt der Mann in *Cavalcavia* von Claudio Piersanti, die beiden fahren Alfasud, der dritte einen Ford mit riesigen Nebelscheinwerfern. In der männlichen Vorstellungswelt ist das Auto der familiäre Ort, wo sich die Macht des Vaters unangefochten kundtut: »Hier im Fiat habe ich das Kommando«, stellt die Hauptfigur in *Autogrill Horror* von Stefano Benni mit Nachdruck fest und beendet so einen Wortwechsel über den Rückweg aus den Ferien zwischen »dem Vater, dem die Nerven durchgehen, der Mutter, die müde ist, dem Sohn, der Durst hat und der Tochter, die Pipi machen muß«. In der Pop Art, zum Beispiel in Werken von

Alan D'Arcangelo, wird die Pause auf dem unvermeidlichen Autoausflug der amerikanischen Kleinfamilie nach dem Vorbild der Rast der Heiligen Familie auf der Flucht nach Ägypten dargestellt, als sollte damit eines der häufigsten Rituale familiärer Ortsveränderungen ikonographisch geadelt werden.

Der wichtigste Ritus ist natürlich der Kauf oder Tausch eines Autos: eine entscheidende Etappe im Leben eines Menschen oder der ganzen Familie. Der Kauf eines neuen Wagens scheint allem, was uns umgibt, neues Leben zu verleihen, und er weckt Antriebe, die man schon lange eingeschlummert glaubte. Das Auto zu wechseln ist wie durch eine Art Tod und symbolische Neugeburt zu gehen. Mit dem alten Wagen befreit man sich nämlich von einem Behältnis, einer Karosserie, in die sich Beulen, Kratzer, Fahrfehler, Ablenkungen, Unachtsamkeiten – all unsere oberflächlichen und manchmal unbesonnenen Handlungen – eingeprägt haben. Er ist ein offenes Buch über einen Ausschnitt unseres Lebens, das wir nicht mehr vor aller Augen auseinandergerissen sehen wollen. Mit dem alten Wagen wird ein ungeliebter Teil unserer Vergangenheit beiseite geschafft, damit man in dieser mobilen Wohnstatt mit ihren spiegelnden Metallteilen, die alles reflektieren, den alltäglichen Lebensweg verbessert und erneuert wiederaufnehmen kann, damit man sich ein weiteres Mal der Illusion hingeben kann, mit einem neuen Wagen, der ewig halten soll, eine tiefe Bindung einzugehen. Jedes Auto zeugt seinerseits sichtbar von den Schicksalen seiner Besitzer, ihren Geschichten, ihren Träumen und Schwärmereien, wie das Modell 850, Baujahr 1969, mit Sitzen aus schwarzem Kunstleder und dem kleinen Lenkrad aus Kirschbaum, von dem Marco Lodoli erzählt. Zehn Vorbesitzer hatte er gehabt, dieser Spider, alle im Fahrzeugbrief eingetragen: »Da gab es den, der nur einen Sommer damit tanzte, andere ein paar Jahre lang ... Der letzte ... hatte ihn über die Autobahnen halb Europas gejagt, bis zum Hafen von Lissabon war er gekommen, bis zur Moschee von Istanbul.« Sehr typisch hierfür und weniger beiläufig erzählt ist eine Stelle aus Thomas Pynchons *Die Versteigerung von No. 49* aus dem Jahr 1964, die beschreibt, wie vernarrt die Menschen der ärmsten Schichten einer kalifornischen Stadt, die allerletzten auf der sozialen Stufenleiter, in Fahrzeuge sind, die durch unendlich viele Hände und unglaubliche Abenteuer und Metamorphosen gegangen sind. Die Hauptfigur ist hier nicht zufällig ein Gebrauchtwagenhändler, einer, der Träume beschafft und folgendermaßen vorgestellt wird: »Doch an die Autos hatte er wenigstens geglaubt. Vielleicht bis zum Exzeß: Wie hätte er auch anders können, wenn er dauernd solche Leute ankommen sah, ärmer als er selbst, Neger, Mexikaner, heruntergekommene weiße Schlucker vom Lande, eine niemals abreißende Parade, alle sieben Tage der Woche lang, und alle brachten sie die gotterbärmlichsten Tauschobjekte an, die man sich nur denken konnte: motorisierte, metallene Auswüchse ihrer Leiber, ihrer Familien, ihres ganzen Lebens wahrscheinlich, da stand es, nackt vor aller Augen zur Besichtigung, ein Fremder wie er selbst, mit verbogenem Fahrgestell, durchgerosteten Bodenblechen, einem nachgespritzten Kotflügel, in der Schattierung nur einen Hauch anders als das übrige, aber immerhin anders genug, um den Preis betrüblich hinunterzudrücken, im Innern stank es hoffnungslos nach Kindern, nach Supermarkt-Schnaps, nach zwei, manchmal drei Generationen von Zigarettenrauchern oder einfach nur nach Staub ...« Das Fahrzeug wiederum wird anhand der Dinge vorgestellt, die seine Besitzer und Vorbesitzer zurückgelassen haben. In ungeordneter Aufzählung ausgekramt, in ihren unmittelbaren Funktionen beschrieben, werden diese Reste zu armseligen Sinnbildern für das menschliche Dasein:

... und wenn die Wagen dann ausgeräumt waren, mußte man sich ansehen, was von diesen Menschen nun tatsächlich übrig geblieben war, und dabei konnte man unmöglich sagen, welche Dinge sie absichtlich hatten loswerden wollen ... und welche sie einfach (vielleicht mit tragischen Folgen) nur verloren hatten: ausgeschnittene Coupons, die Einsparungen von 5 oder 10 Cents versprachen, Rabattmarken, Reklamezettel mit der Verheißung von Sonderangeboten, Zigarettenkippen, Kämme mit ausgebrochenen Zinken, Stellenangebote, aus dem Branchenverzeichnis herausgerissene Seiten, Fetzen alter Unterwäsche, benutzte Monatsbinden zum Abwischen der vom eigenen Atem innen beschlagenen Windschutzscheibe, um, was es auch gewesen sein mochte, sehen zu können, einen Film, eine Frau oder ein Auto, auf das man scharf war, oder einen Polizisten, der einen heranwinken konnte, bloß um einem mal auf den Zahn zu fühlen, all das Zeugs und Gelump, wie ein Salat aus Verzweiflung, mariniert in grauer Aschensoße; im Niederschlag von Ausdünstungen, Auspuffgasen, Abfall, Körperausscheidungen – es machte ihn krank, das zu sehen, aber er mußte es sehen.

Je weiter die Erinnerung an Vergangenes sich von uns entfernt und mit ihrem langsamen Fluß weit zurückliegende Generationen erfaßt, desto verschwommenere und sehnsüchtigere Töne nimmt die Beschreibung des Rituals an. Das Schimmern der verchromten Teile, das Aufblitzen der Scheiben, die Reflexe der Lackierung des schnellen Pferdes werden schwächer, Gesichter und Gesten wirken unter einer gleichmäßigen Schicht Kollodium wie erstarrt. Photographien, wie manchmal auch ein Stück Stummfilm, öffnen sich wie ein Fenster auf das verblaßte Panorama der Vergangenheit, auf den Ritus, der auch schon früher den Kauf eines neuen Autos feierlich begleitet: »5. Februar 1929, Abfahrt nach Comercy«, liest der Erzähler von *Les champs d'honneurs* von Jean Rouaud auf der Rückseite einer Photographie, einem Photo, auf dem auch unsere Eltern oder Großeltern in ihrem Stolz über das soeben gekaufte Spielzeug für immer festgehalten sein könnten: »Pierre sitzt am Steuer eines riesigen Autos ... stützt den Ellenbogen auf das heruntergelassene Fenster, das Gesicht zum Photographen gewendet, sichtbar zufrieden mit sich, denn er weiß, daß Autos wie dieses nicht eben häufig sind...« Dann das Bild der Frau, neben der großen, schweren Wagentür stehend, mit einem eng anliegenden Topfhut und um die infantile, gefährliche Regression wissend, zu der das neue Auto verführt: »Ihre Miene ist finster, besorgt, voller Vorwürfe gegenüber jenem Pierre, der wie ein Kind am Steuer des prachtvollen Autos sitzt«.

Beim Anlassen des Motors verläßt einen nie ganz das Gefühl, und sei es auch nur für Sekundenbruchteile – und obwohl sich diese Geste unzählige Male wiederholt –, daß man sich auf ein verbotenes Spiel einläßt, daß man, wie Pierre, in die glückselige, hartnäckige Sorglosigkeit der Kindheit und Jugend zurückkehrt, daß man jedenfalls entflieht. Es sind Fluchten, die durch das Ausstellen des Führerscheins, dieser Parodie der Autogesellschaft auf einen wirklichen Initiationsritus, legalisiert und möglich werden. Das Vorspiel zu diesem Ritus ist für viele Generationen in Italien der Erwerb des sogenannten »rosa Papiers« gewesen, der ersehnten Bescheinigung, die, allerdings nur unter Aufsicht, zum Fahren eines Autos berechtigte. Ihr symbolischer Wert war immer sehr deutlich, erlaubte sie den Besitzern doch, sich schon mit einem Fuß in der Erwachsenenwelt zu fühlen. Der Führerschein ist dann die Gewähr für den tatsächlichen Eintritt in diese Welt, daher wird sein Entzug ja auch, wie Baudrillard sagt, wie eine Art Exkommunikation, eine »gesellschaftliche Kastration«, empfunden.

Je mehr das Auto die Gesellschaft durchdringt, desto mehr wird sein Besitz zum unmißverständlichen und unvermeidlichen Zeichen gesellschaftlicher Zugehörigkeit. Einer der Gründe, die Alex, den sechzehnjährigen Helden eines Romans des Amerikaners Theodore Weesner, dazu antreiben, Autos zu stehlen, ist der Wunsch, sich in einer Familie oder in irgendeinem sozialen Kontext aufgehoben zu fühlen. Der

William Crutchfield, Ford Modell T
Skizze aus der Zeitschrift ›Americana Suite‹, etwa 1915

erste Wagen, den er klaut, ist nicht zufällig ein Chevrolet Bel Air, wo er sich hinter dem Steuer fühlt, als stellte er jemanden dar, als hätte er sich den Vater zum Vorbild genommen, der Arbeiter bei Chevrolet ist und in der Chevrolet Avenue wohnt ... Verschiedene Autos in seinen Besitz zu bringen, wird für Alex jedesmal zu einer Möglichkeit, in die Haut anderer Menschen zu schlüpfen und eine wenn auch fiktive und flüchtige Identität anzunehmen. Jedes neue Auto, das er stiehlt, Chevrolet oder Buick Riviera oder andere Marken, erlaubt ihm, sich selber als den zu sehen, für den ihn seine Altersgenossen seiner Meinung nach halten. Das Auto kann sowohl ein Hilfsmittel auf dem mühevollen Weg in die Erwachsenenwelt als auch ein Element sozialer Abweichung werden und ein täuschendes System von Spiegelungen in Gang setzen, die jedes Reiferwerden ewig hinausschieben. In aller Unschuld gibt Neal Cassady zu, mit vierzehn Jahren, 1940, sein erstes Auto gestohlen zu haben, und 1947 feierlich auf dieses aufregende Vergnügen verzichtet zu haben, um sein Eintreten ins Erwachsensein zu feiern, nachdem er die Schwelle von fünfhundert erbeuteten Autos überschritten hatte.

In anderen Fällen kann das Auto sich als echter Ersatz für Familie und Heim anbieten, vor allem für den amerikanischen Jugendlichen. Hinter der gefühlsmäßigen Symbiose mit dem Auto, die Henry Gregor Felsen in einem schönen Passus beschreibt, zeichnet sich wieder einmal eine versäumte Integration ab. Der Autor erzählt gleich zu Beginn, daß er, als er noch sehr jung war, hinter dem Steuer und den hochtourigen Motor unter seiner Kontrolle, zum König der Straße wurde. Wenn er glücklich war, erreichte sein Glücksgefühl in dem Moment den Höhepunkt, in dem es sich in Geschwindigkeit und lärmende Kraft, also in den Antrieb des Motors, in das Pfeifen des Windes in den Ohren, in das erhebende Gefühl des freien Fluges übersetzte. War er dagegen unglücklich, deprimiert, in einer düsteren Stimmung, suchte er ebenfalls Erleichterung am Steuer, und in solchen Momenten gelang es ihm, auf dem Fahrersitz alles zu vergessen. Dann brüllte der Motor statt zu singen, und er rächte sich für seine Sorgen, indem er alle Autos, die die Herausforderung zu einem Wettrennen annahmen, besiegte. Nur auf der Straße schienen das Auto und die Geschwindigkeit ihn von den Problemen befreien zu können, die ihn plagten, wenn er mit den Füßen auf der Erde stand. Sobald er sich vom physischen Kontakt mit dem Boden gelöst hatte, sobald er sich mit dem Wagen in Bewegung setzte und in seiner ganz eigenen Welt gefangen war, entfloh er dank der Geschwindigkeit seiner Traurigkeit und allen Problemen.

Eine deutliche Entsprechung zwischen der Stimmung des Fahrers und dem Verhalten des Wagens hatte schon Dos Passos sehr anschaulich beschrieben. Die Hauptfigur von *Hochfinanz*, Charlie Anderson, sucht im Autofahren eine Art Entschädigung für die Frustration, die ihn peinigt: »Der

Wagen rollte dahin wie ein Traum. Auf den zementierten Straßen fuhr Charlie im Neunzigkilometertempo, er fuhr vorsichtig, das Fahren machte ihm Spaß, die gute Vierradbremse, das gemächliche Surren des Motors unter der Haube.« Doch schon ein winziger Stimmungsumschwung genügt, damit das Auto, auf das die Unruhe des Fahrers sich sofort überträgt, ein anderes Verhalten zeigt: »Das Getriebe knirschte, weil er vergessen hatte, die Kupplung herauszunehmen. Der Wagen blieb stehen. Er ließ den Motor von neuem an und ging sofort auf höchste Touren. Der Motor klopfte eine Weile, begann dann aber anzuziehen.« In solchen Fällen wird das Auto zu einer Art Verlängerung des Nervensystems seines Fahrers, es zeigt Empfindungen und Reaktionen. Doch zögert es, wie wir sehen werden, andererseits nicht, sich von seiner dienenden Rolle zu befreien und eine eigene, autonome Kreatürlichkeit zu zeigen, sich zum Alter ego seines Fahrers zu machen. Daß das Auto zum Symbol des neuen technischen Zeitalters geworden ist, birgt einige Gefahren. Der Maler Claes Oldenburg meint, unter allen Verdoppelungen, die der Mensch von sich schuf, habe das Auto sich als die aggressivste und bedrohlichste erwiesen.

Die fortwährenden, ausführlichen Bezüge auf Amerika begründen sich natürlich mit der Faszination, die die amerikanische Lebensart während des ganzen 20. Jahrhunderts auf Europa ausgeübt hat, dem sie seine eigene zukünftige Entwicklung vorlebte. Darum sollte man nicht vergessen – doch wie viele Erzählungen und Filme tun alles, um uns stets daran zu erinnern? –, daß in Amerika das ganze Leben in jedem einzelnen seiner Ereignisse, auch dem banalsten, vom Auto bestimmt wird, dem rituellen Verbindungsglied zwischen Arbeit, Haus und Familie. Es ist genau dieser ausgeprägt rituelle Charakter des Fahrzeugs, der einen starken, fast schon heiligen Zauber auf Junge und Alte, Arme und

Reiche ausübt. Ein Gedicht von John Updike aus dem Jahr 1962, *Kurze Tage*, macht aus dem Auto den emblematischen Gegenstand im Alltag, der dadurch, daß er einen typisch amerikanischen Tag eröffnet und beschließt, den Wechsel der Jahreszeiten, das geheimnisvollste und am meisten gefürchtete Ereignis dieser verlassenen Gegend zu beschwören scheint:

Ich mag es, wie sich die Autos im Winter
Unter verspäteten Sternen in Gang setzen.
Und nach ein paar Hustern biegen sie um die Ecke,
Noch durch das Dunkel brummend.

Wie ein alter schlafmützиger Vater
Dessen Kinder den Tag mit Spielen betäuben,
Zögert die Sonne noch hinter den Bergen und hält den Tag in Schach.

Die roten Strahlen vergolden die Duschen.
Die Lampen gehen aus, die Milchwagen verschwinden;
Wenn die Ehemänner weg sind, spülen die Hausfrauen ihre Zweifel
In den Waschbecken und richten glühende Schatten auf.

Die Autos sind verschwunden, sie werden zurückkommen
Mit Scheinwerfern, die eine neue Nacht erhellen.
Zwischen tiefen Schlücken vom Acheron
Hat der Durst nach längeren Tagen begonnen.

Andererseits gibt es in Verbindung mit dem Auto ebenso ausgeprägte Riten des Antikonformismus und der Übertretung von Gesetzen. Ein außergewöhnliches Beispiel dafür ist das Gedicht *Das Auto* von Raymond Carver, in dem das Auto als unzertrennlicher Gefährte in einem unsteten Leben auftritt, dessen Abenteuer, Ängste und Niederlagen es teilt. Es wird zur einzigartigen Synthese und flexiblen Metapher für all diese Ereignisse. Hier einige aufschlußreiche Verse:

Das Auto mit der zersprungenen Windschutzscheibe.
Das Auto ohne Pleuelstange.
Das Auto ohne Bremsen.

Das Auto mit dem kaputten Kardangelenk.
Das Auto mit einem Loch im Kühler.
Das Auto, das ich mir mit Pfirsichpflücken verdient habe.
Das Auto mit dem aufgesprungenen Motorblock.
Das Auto ohne Rückwärtsgang.
Das Auto, das ich gegen ein Fahrrad getauscht habe.
Das Auto mit dem defekten Lenkgehäuse.
Das Auto mit der nicht funktionierenden Lichtmaschine.
Das Auto ohne Rücksitze.
Das Auto mit dem aufgeschlitzten Vordersitz.
Das Auto, das Öl verbrannte.
Das Auto mit den morschen Muffen.
Das Auto, das das Restaurant verließ, ohne zu zahlen.
Das Auto mit den abgefahrenen Reifen.
Das Auto ohne Heizung und ohne Entfroster.
Das Auto mit der ungeraden Frontseite.
Das Auto, in dem das Kind kotzte.
Das Auto, in dem ich kotzte.
... Auto meiner Träume.
Mein Auto.

Nur die sehr amerikanische Art, in einer Symbiose mit dem Auto zu leben, kann einen so langen, anaphorischen Text wie Carvers Gedicht hervorbringen, einen ironisch gefärbten, minimalistischen Text à la Walt Whitman. Doch das Loblied auf das schrottreifste Auto, das es je gegeben hat, ändert nichts daran, fügt Charles Bukowski hinzu, daß »wir alle gerne mal in einem Cadillac Baujahr 1995 vorfahren würden«.

Liebe im Auto

Pilger der Liebe

In dem Gedicht *Porträt des Automobils*, das Carl Sandburg 1918 schrieb, und das als eines der ersten dem neuen mechanischen Fortbewegungsmittel gewidmeten Gedichte in Amerika gilt, erscheint das Auto wie ein Totem der modernen Welt, das in Gestalt von Symbolfiguren für ein archaisches Wissen auftritt – der Hund des Pioniers, der Adler der Rocky Mountains. Gleichzeitig ist das Auto hier eine Projektion der Sehnsüchte des Menschen und ein ihm wesensverwandtes Etwas, denn es regt seine sinnliche Phantasie an:

> Es ist ein schlankes Auto … ein Hundeauto mit
> langen Beinen … ein Adlerauto grau wie ein Gespenst.
> Seine Füße verschlingen den Schmutz der Straße … seine
> Flügel verschlingen die Hügel.
> Danny, der Fahrer, träumt von ihm, wenn er im Schlaf Frauen
> mit roten Röcken und roten Strümpfen sieht.
> Es ist ein Teil von Dannys Leben, er hat es im Blut …
> das schlanke Auto, grau wie ein Gespenst.

Die Liebe, diese universale Zutat, verbindet sich von Anfang an mit dem Auto. Eines der ersten nicht nur beiläufigen oder zufälligen Beispiele dafür ist der 1919 erschienene Roman *Free air* (dt. *Benzinstation*) von Sinclair Lewis. Seine Hauptfiguren sind eine junge Erbin und ein völlig abgebrannter junger Mann, die auf verschiedenen Straßen auf dem Weg

Werbeskizze, 1920

nach Westen sind. Es ist unvermeidlich, daß sie sich begegnen, sie mit einem luxuriösen, riesigen Auto, einem schwarzen Gomez-Deperdussin mit 70 PS, er mit einem »mechanischen Insekt«, das heißt, einer jener wendigen, lebhaften, flinken Küchenschaben aus Blech, mit einer notdürftig zusammengeflickten Karosserie und einem kleinen Motor, der recht wenig gekostet haben wird. Wie nie zuvor verkörpert das Auto hier den Mythos vom amerikanischen Traum in all seinen Ausprägungen: das Ziel als neue Grenze, der Nomadeninstinkt des Pioniers, der Wunsch, es im Leben endlich zu etwas zu bringen. Man hat mitunter den Eindruck, als würden die beiden fast ausschließlich durch ihre jeweiligen Transportmittel charakterisiert, als wären diese die eigentlichen Hauptfiguren des Romans. Hauptfiguren nicht nur der Abenteuer während der Fahrt, sondern dominierend auch in der Beziehung, die das Auto zu seinem Fahrer herstellt, und die dieser dann mit Hilfe des Autos zur Umwelt und zur Landschaft eingeht. Doch davon wird später die Rede sein. Zunächst wollen wir hervorheben, daß hier das Loblied des Autos gesungen wird, weil es unbegrenzte Freiheit verschafft und die Reise durch einen ganzen Kontinent ermöglicht, die von einem typisch amerikanischen, naiven Optimismus getragen wird. Von einem solchen Optimismus zeugen auch die Zeitungsartikel, die Sinclair Lewis Anfang der zwanziger Jahre für die »Saturday Evening Post« schrieb:

> Ein ehrbarer Bürger, der noch nie zuvor mehr als hundert Meilen weit mit dem Auto gefahren ist, wird jetzt in der Lage sein, mit einem gebrauchten Kleinwagen aufzubrechen, nachdem er ihn zwanzig Minuten lang in Besitz genommen hat – zehn Minuten braucht seine Frau, um sich ein Haarnetz zu kaufen, weitere zehn, um dem Dienstmädchen zu sagen, was das Kind darf und was nicht –, und vollkommen sicher und mühelos bis nach Miami oder Seattle zu fahren. Alle fünf Meilen wird er Mechaniker finden, seine Unterwäsche wird er in den Gräben am Straßenrand waschen können, und von einem Ende des Landes zum anderen wird er auf Straßen fahren, die an jeder Abbiegung Hinweisschilder haben, die an die Telegraphenmasten genagelt sind.

Eine Behauptung wie diese, eine Reise quer durch den Kontinent, die im Vergleich zum endlosen *coast to coast* sicherlich ebenso unendlich erscheinen mußte, nimmt einerseits schon die Philosophie von Jack Kerouac und dessen Devise vorweg, nach der die Straße eine Metapher für das Leben ist. Andererseits wird hier auf die Gattung der *frontier novels* Bezug genommen, an deren Vorbild sich die Pilgerfahrt im Auto mit ähnlichen Figuren, Stereotypen, Anekdoten und Situationen orientiert. Mindestens in einer ersten Phase fällt die Straße mit dieser sich immer weiter hinausschiebenden Grenze zusammen und ermöglicht damit die Entdeckung eines Terrains, das der Entstehung von Romanen förderlich ist und wo der amerikanische Traum sich noch einmal erfüllen kann. In diesem Sinn ist das Auto direkter Nachkomme der Postkutsche, die ihre Ladung Abenteurer, Ausgestoßene und Träumer an den Vorposten des Fortschritts absetzte.

Free air ist die epische, erzählende Version dieses Optimismus, der der Habgier der Wirtsleute, dem miserablen

Zustand der Straßen, der fragwürdigen Zuverlässigkeit des mechanischen Fortbewegungsmittels und den Fallen, die Profitjäger jeder Couleur den neuen Pionieren der Motorisierung aufstellen, furchtlos entgegentritt. Eine Episode in Faulkners *Die Stadt* vorwegnehmend, beginnt der Roman damit, daß der Gomez-Deperdussin, wie beabsichtigt, in einer tödlichen Brühe aus »Schlamm, Teer, Fliegenpapier, Fischleim und gehörig durchgekauten Schokoladenbonbons« steckenbleibt. Die Episode ist nichts als die pikareske Umsetzung jener Atmosphäre aus Feindseligkeit und Ressentiment, die manche Bürgermeister aus Illinois im wirklichen Leben dazu gebracht hat, Kabel aus Stahl gegen die vorbeifahrenden Autos auszuspannen. Zu ihrem Sprachrohr machte sich Woodrow Wilson – damals noch nicht Präsident –, als er behauptete, durch nichts würden in diesem Land Rachegefühle so sehr provoziert wie durch das Fahren eines Autos: Für den Landbewohner ist es nämlich die Verkörperung des arroganten, selbständigen und verächtlich auf alle anderen herabblickenden Reichtums.

Die amerikanische Seele drückt sich in einer Reihe von Symbolen und in einer bewährten erzählerischen Tradition aus, in der die Reise nicht nur als eine Initiation, sondern als Reifung des ins Leben tretenden Helden motiviert wird. Mit Hilfe dieser Elemente hat sich eine eigene amerikanische Mythologie herausgebildet. Die Reise selbst ist, der Tradition des Ritterepos entsprechend, gespickt mit Prüfungen, die es zu bestehen, und Ungeheuern, die es zu besiegen gilt. Die Begegnung der beiden Hauptfiguren im Roman von Sinclair Lewis und der zündende Funke ihrer Liebe verdanken sich dem rettenden Auftritt eines modernen Sankt Georg, der die im Sumpf versinkende Prinzessin aus den Klauen des Drachen befreit. Literaturgeschichtlich ist ein solcher Roman die moderne Wiedergeburt der epischen Ritterromane und gleichzeitig die mechanisierte Fassung der ganz und gar amerikanischen Geschichte vom Aufbruch in den Westen.

Von der Fiktion zur Realität: Ein Jahr nach Erscheinen von Sinclair Lewis' Roman brechen F. Scott Fitzgerald und seine Frau Zelda, soeben frisch verheiratet, wie zwei Romanhelden in Connecticut zu einer mehrtägigen Reise auf, deren Ziel Montgomery in Alabama ist, wo Zeldas Eltern wohnen. Aus diesem Erlebnis einer Rückkehr zu den Ursprüngen sollte die Erzählung *The Cruise of the Rolling Junk* von 1924 hervorgehen, die sich in das epische Genre einordnet, das mit *Free air* begann und aus Abenteuern und Ereignissen – in der Regel Zusammenstöße, Überholmanöver, Pausen, Unfälle – besteht, die Stereotypen folgen und sich unendlich oft wiederholen können. In diesen Romanen wird die Erzählung auf das universelle Fahrgestell der Reise, der Bewegung von einem Ort zum anderen montiert, wobei der mehr oder weniger sakrale oder rituelle Charakter des Reiseziels stillschweigend vorausgesetzt wird.

Autos sind die symbolischen Protagonisten in den Romanen von Fitzgerald, immer sind sie Zurschaustellung von Überfluß und Sehnsucht nach Liebe, und immer treten sie in entscheidenden Momenten auf. Wer erinnert sich nicht an den Rolls Royce von Gatsby, das beeindruckende Zeichen der Verführungskraft des Geldes und des Luxus? »Natürlich kannte ich ihn. Wer hätte ihn nicht gekannt!«, kommentiert der Erzähler die Szene, »Es war ein pompöser, elfenbeinfarbener Wagen mit glänzenden Nickelbeschlägen; ein Monstrum an Länge, mannigfach ausgebuchtet durch Hutkoffer, Picknickkoffer, Werkzeugkoffer und mit einem gläsernen Labyrinth von Windschutzscheiben, in denen sich die Sonne dutzendfach spiegelte. Wir nahmen hinter den vielen Glaswänden in einer Art von grünem Lederfutteral Platz und starteten zu unserer Fahrt in die Stadt.« Ein so eindringlich metaphorisches Bild erfaßt das Wesen des amerikanischen

Autos und bietet sich darum als Prototyp seiner Beschreibung an. Ein spätes und ironisches Echo auf diese Metaphorik meinen wir in Italo Calvinos *Diario Americano* zu hören. Was den Schriftsteller bei seiner Ankunft in Amerika am meisten amüsiert, ist die Größe der Autos, die alle riesig sind, manchmal so riesig, daß man lachen muß: »Ich bin sehr versucht, sofort ein gigantisches Auto zu mieten, nicht unbedingt, um es zu benutzen, nur wegen des psychologischen Effekts, die Stadt zu beherrschen.« Ganz zu schweigen von einer sarkastischen Bemerkung Dino Buzzatis, der angesichts der imposanten Erscheinung eines amerikanischen Wagens in Synekdochen darüber spricht, indem er sich auf seine gewaltigen Stoßstangen konzentriert, nämlich auf »seinen mächtigen gepanzerten Schild aus Chrom voller reflektierender Kugeln, Querstangen und Verstrebungen, der, denke ich, allein ausreichen würde, eine Familie zehn Jahre lang zu ernähren«. Und wem fiele da nicht das kitschigste Auto der Welt ein, dem wir in einer anderen Erzählung Fitzgeralds begegnen. In *Ein Diamant, so groß wie das Ritz* von 1922 taucht ein enormes Auto auf, wie man es sich größer und märchenhafter nicht vorstellen kann, dessen Karosserie aus glänzendem Metall besteht, kostbarer als Nickel und leichter als Silber, und dessen Radnaben mit geometrischen, grün und gelb schillernden Verzierungen übersät sind. Wieder muß man an Calvino denken, der meinte, die amerikanische Seele sei am besten zu erforschen, indem man sich die riesigen Hinterteile der Autos und die Formenvielfalt und Machart der Rücklichter anschaut, in denen sich alle Mythen der amerikanischen Gesellschaft auszudrücken scheinen. Außer den immensen runden Scheinwerfern, die an Verfolgungsjagden zwischen Gangstern und Polizisten denken lassen, »gibt es solche in Form von Raketen, von Wolkenkratzerspitzen, es gibt die großen Augen einer Diva und den kompletten Katalog aller Freudschen Symbole«.

Die beispielhafte Gegenüberstellung des Luxusautos und der billigen Schrottkarre, der wir in Sinclair Lewis' Roman begegneten, findet sich auch im *Großen Gatsby* von Fitzgerald wieder, doch dieses Mal handelt es sich um einen Gegensatz im Zusammenhang mit der Rolle des Mörders, der auf der Lauer liegt, um zu töten. Dem prächtigen, glänzenden Rolls Royce wird ein staubbedeckter Schrotthaufen gegenübergestellt, ein Ford, der Gatsbys Mörder Wilson gehört. Dieses Auto wurde für das ländliche Amerika gemacht, und man kommt damit überall hin, außer – wie es in einer sprichwörtlichen Redewendung hieß – in die feine Gesellschaft. Die andere »Schrottkarre«, in der ein vergnügtes, leichtsinniges Pärchen nach Alabama reist, um auf seine Weise in die Vergangenheit, an die Orte der Kindheit zurückzufahren, ist dagegen eine Parodie auf Gatsbys Rolls Royce. Von seinem ursprünglichen Luxus hat dieses Auto nur den anspielungsreichen und hochtrabenden Namen Expenso behalten, denn es fährt schon seit einiger Zeit auf dem *Sunset Boulevard*, der Straße des Abstiegs. Wie uns die Hauptfigur berichtet, als spräche sie von einem geliebten, alten Menschen, leidet es besonders unter Beschwerden des »Rückgrats«, und diese Rückenschmerzen rühren ganz offensichtlich von einem seitlichen Schleudertrauma her; außerdem machen ihm verschiedene »chronische Verdauungsbeschwerden« sowie ein Astigmatismus auf beiden Scheinwerfern zu schaffen... Trotz dieser Zipperlein und schwerwiegenden Beeinträchtigungen wird das Auto scherzhaft wie eine fahrende Verdoppelung der häuslichen Sphäre dargestellt, und tatsächlich bringt es die Helden nach unzähligen Abenteuern irgendwie ans Ziel.

Das Thema der Schrottkiste als Symbol einer bewußt gewählten Bohémien-Existenz kehrt in der Literatur der zwanziger und dreißiger Jahre mit einer gewissen Häufigkeit wieder, beginnend mit dem berühmten Renault ohne Verdeck aus Hemingways *A Moveable Feast*. Noch lange nach ihrem Erscheinen klingt diese Erzählung in anderen Texten nach. Ein besonders interessantes Beispiel ist ein kurzer Roman von Stanley T. Williams, der 1956 in den Staaten veröffentlicht wurde. Wie bei Fitzgerald sind die Hauptfiguren der Reise ein amerikanisches Ehepaar, das sich nach Abschluß eines Studienaufenthaltes im Italien der unmittelbaren Nachkriegszeit eine Fahrt auf den Wegen der Grand Tour gönnt. Das Transportmittel ist ein wesentliches Element der Geschichte, ja es scheint von Anfang an eine Art natürliche Metamorphose zu durchlaufen, die der Automarke Topolino, dem mythischen Käfer, durchaus entspricht. Schon der Titel des Romans – *Two in a Topolino* – spiegelt, nicht zuletzt mit seiner Alliteration, den Aufstieg des Autos in den Rang einer Hauptfigur wider. Ein erstes amüsantes Charakteristikum des Textes ist die liebevolle Beziehung, die zwischen den Reisenden und dem Fahrzeug entsteht. Unsere Romanfiguren möchten nicht schnell fahren, sondern sich im natürlichen Rhythmus ihres Wagens von einem Ort zum anderen bewegen. Ein großer Teil des Zaubers dieser Reisebeschreibung, ihrer heiteren Ironie, des Vergnügens an der liebenswert gemütlichen Fortbewegungsweise, verdankt sich der humanen und mitfühlenden Beziehung, die die beiden Reisenden zueinander und zu ihrer Umwelt eingehen: die Straßen, die Zufallsbegegnungen, die Hotels, die Unfälle und natürlich der Käfer, dessen ungeachtet seines winzigen Körperbaus bemerkenswerte Ausdauer sich als entscheidendes Element der Reise entpuppt. In der Art, wie der Käfer in ein lebendiges Geschöpf verwandelt wird – er hat keine Räder, sondern Beine, und er braucht medizinische Pflege, Salben und Massagen –, läßt sich unschwer jener magische Zug ins Metaphorische erkennen, der die ganze amerikanische Kultur durchdringt, von Washington Irvings verzauberten Beschreibungen von Innenräumen bis zu Walt Disneys Zeichentrick-

Fiat 500, ›Topolino‹ 500c, 1949-1955

filmen, auf die Topolino, die Maus, schon im Namen anzuspielen scheint. Ein leicht ironischer und märchenhafter Ton prägt auch die Reisebeschreibung selbst, aus der lebendige Skizzen des Italien der fünfziger Jahre hervorgehen. Eine unverwechselbare Atmosphäre entsteht, wo sich, je weiter die beiden durch Landschaften und Dörfer fahren, andere Stimmen unter diejenige des Erzählers und das ununterbrochene Summen des Käfers mischen. Es sind die Stimmen all der liebenswerten Pilger aus Amerika, die im letzten Jahrhundert mit ihren Italienreisen den Mythos von Italien als dem neuen Arkadien schufen. Stimmen, die den Reisenden angesichts des wenig rühmlichen Zusammenstoßes des Käfers mit einem dreirädrigen Kleinlaster daran erinnern, daß schließlich »auch Moby Dick die Pequod angegriffen und versenkt hatte«!

In seiner Autobiographie erinnert sich Mason Williams an vergangene Zeiten und entdeckt plötzlich, daß das Auto bei den Erfahrungen, die den stürmischen Anbruch der Jugend kennzeichnen, allgegenwärtig war. Jede Handlung, alle neu erworbenen Kenntnisse, jede verbotene Tat, all dies ereignete sich in jenem mobilen Raum: »Es gab viele Erste Male in diesem Auto: meine erste wirkliche Erkenntnis der Zeit und der Unabhängigkeit, meine ersten Abstecher [sallies] in die Städte der Umgebung, meine erste Sally auf dem Rücksitz, mein erster Rausch, mein erster Unfall und auch meine erste Bestätigung als Künstler, als ich alles nur erdenkliche Zubehör kaufte ...« Mit großem Vorsprung und in viel breiterem Umfang als in Europa erhält das Auto in den Vereinigten Staaten eine maßgebliche Rolle bei jenem entscheidenden Ritus des Übertritts in die Erwachsenenwelt, der mit der sexuellen Initiation der Jugendlichen zusammenfällt. Die Allgegenwart des Autos im amerikanischen Alltagsleben seit den zwanziger Jahren war den Schriftstellern nicht entgangen, die ein besonderes Augenmerk auf die fanatische Autobegeisterung ihrer Landsleute hatten. So auch John Steinbeck, der in einem seiner kalifornischen Romane, *Straße der Ölsardinen*, erschienen 1945, sehr genau erfaßt, wie grundsätzlich sich die Verhaltensweisen und Gewohnheiten durch die massenhafte Verbreitung des ersten billigen Automodells im Laufe der Jahre verändert haben:

> Man müßte einmal eine Abhandlung über den sittlichen, physischen und ästhetischen Einfluß des Modell-T-Ford auf das amerikanische Volk herausgeben. Zwei USA-Generationen wußten mehr über Fords Zündstift als über die Klitoris, mehr über den Gang eines Wechselgetriebes als über den Lauf der Planeten. Mit Modell T verschwand etwas vom Inbegriff des Privateigentums. Welcher Autofahrer hat heute noch eine Luftpumpe oder eine Beißzange? Die meisten Babys jener dahingegangenen

Epoche wurden im Modell-T-Ford gezeugt und nicht wenige in ihm geboren. Der angelsächsische Begriff des Heimes erhielt dadurch einen Schlag, von dem er sich nie wieder erholen sollte.

Mit seiner Installation *Back Seat Dodge '38*, die er 1964 in Los Angeles ausstellte, bietet Ed Kienholz einen sardonischen Kommentar zu Steinbecks Feststellungen. Das in seiner surrealen Wirklichkeitsnähe verstörende Werk stellt den hinteren Teil eines Dodge dar, der vom Rest des Wagens abgeschnitten wurde. In seinem Inneren befinden sich zwei Schaufensterpuppen in der Position des Geschlechtsaktes, der Mann besteht aus Maschendraht, die Frau aus Gips, beide haben gemeinsam einen einzigen Kopf, der aus einem pornographischen Bild besteht. An der Innenseite der Fenster sind Spiegel angebracht, die den Voyeurismus des Betrachters entlarven, indem sie sein Bild zurückwerfen. Es ist, als ob die Generation, die sich in den sechziger Jahren zur Hüterin über die öffentliche Moral machte, an dem Ort entlarvt würde, der als der intimste und geheimste gilt: das Auto der Jugendzeit.

Lange vor seinen europäischen Altersgenossen empfindet der amerikanische Jugendliche das Auto als ein Niemandsland, das den Beschränkungen und Tabus entzogen ist, die die sozialen Räume, vor allem der familiäre, wo er lebt, ihm auferlegen. Doch obwohl es mitunter als ihr Gegensatz auftritt, ist das Auto auch eine Art Verdoppelung der häuslichen Welt, die es in verkleinerter Form als eine echte Intimsphäre wiederholt. Intimität und Zwanglosigkeit werden zu seinen wesentlichen Merkmalen. Mobilität und Geschwindigkeit wiederum verleihen allem, was sich im Wagen abspielt, eine illusionäre, lustvolle Freiheit von Konsequenzen, die alle Hemmungen sich selber und anderen gegenüber lockert. So unmißverständlich kann das Auto zum Schauplatz für die erotischen Abenteuer Heranwachsender werden, daß der amerikanische Dichter e.e. cummings eine

Back Seat Dodge '38,
Installation von
Edward Kienholz

vielsagende Gleichung zwischen der Fahrt in einem Auto, das eingefahren werden muß, und dem ersten sexuellen Verkehr aufstellt. Hinter der Verwendung einer einzigen Sprache für zwei scheinbar so weit voneinander entfernte Situationen – »da sie neu / funkelnagelneu, und / darum / ein wenig hart / war ich vorsichtig …« – steckt die ganze erotische Spannung, die sich im Autofahren verbirgt: »während wir an der Ecke der Straße / der Gottheit abbogen, berührte ich das Gaspedal und gab ihr / Zunder …« In der männlichen Vorstellung wird das Auto feminisiert, und zwar durch ein technisches Vokabular voller Anspielungen: »Es war die erste Ausfahrt und ich war / froh zu sehen, daß sie sich gut machte bis / zur letzten Minute als ich auf der Fahrt vom Park / herunter plötzlich auf die Bremsen drückte / damit sie sich innerlich ausdehnen / und außen zusammenziehen / und sie mit einem einzigen Stoß ganz und gar in eine / zitternde und vergebliche / Unbeweglichkeit versetzen.« Direkter und brutaler bemerkt Neal Cassady in seinen *auto-erotischen Abenteuern*: »Die erotische Natur des Erlebnisses mit dem Mercury beinhaltete zum Glück auch eine anatomische Erforschung des Mädchens, das ich nach Schulschluß abgeschleppt hatte.« Sex und Verbotenes fallen in seiner jugendlichen Sichtweise zusammen, tatsächlich erzählt er gleich darauf, er habe keine schärfere und intensivere Erinnerung als die an den Moment der Flucht, nachdem er am ersten Häuserblock eine rote Ampel überfahren hatte. Vom ersten Auftreten des Autos an kann man eine Art Wechselgesang zwischen ironischen und puritanischen Kommentaren feststellen, wobei letztere nicht selten vor einem Gebrauch des Autos warnen, den man damals für allzu sorglos hielt. *Der Tanz der Autos* von Rudyard Kipling, einem der ersten leidenschaftlichen Autonarren unter den Schriftstellern, enthält einen vollständigen Katalog falscher Verhaltensweisen, mit denen später junge Leute in der halben Welt vertraut sind, zu denen sie sich geradezu verpflichtet fühlen. Zwei Strophen sind insbesondere der Liebe im Auto gewidmet, und wir müssen heute über den melodramatischen Ton lächeln, mit dem vor der einfachsten Geste der Liebe gewarnt wird:

Dann redete der kleine Austin,
worin man gerade zu zweit sitzen kann:
Es ist die Zeit und der Ort, die die Sünde machen,
Nicht die Tat an sich.

Wenn einer mit seiner Schönen fährt,
Ich hab gesehen, was dann passieren kann,
aneinandergepreßte Arme oder zu nahe Lippen
Haben sie beide umgebracht.

Ein Auto im Sonnenuntergang
Und neben dir ein Kuß, den man rauben kann…
Gott allein weiß, wie das Pärchen endete.
Erst eine Untersuchung wird das klären.

Bedenkt man, welche Rolle Autos in der Welt amerikanischer Jugendlicher spielen, scheint es kein Zufall zu sein, daß das Auto in Hemingways Erzählung *Soldier's Home* als geeignetes Mittel dargestellt wird, mit dem der junge Krebs – ein Heimkehrer aus dem Ersten Weltkrieg und Prototyp aller zukünftigen Heimkehrer – zu jener friedlichen Alltäglichkeit, aus der er sich ausgeschlossen fühlt, in Beziehung treten kann: »Ihm gefielen die Mädchen, die auf der anderen Straßenseite spazierengingen. Ihr Aussehen gefiel ihm besser als das der französischen und deutschen Mädchen. Doch die Welt, in der sie lebten, war nicht die seine. Er hätte gerne eines gehabt. Aber es lohnte sich nicht...« Um ihn aus seinem apathischen Zustand zu reißen, teilt ihm die Mutter mit, daß sein Vater seit einiger Zeit darüber nachdenkt, ihm abends das Auto zu überlassen. Der Wagen verliert damit seine repräsentative Funktion, seine Aufgabe, Tüchtigkeit zu demonstrieren – er stand immer vor dem Eingangstor des Gebäudes der First National Bank, wo Krebs' Vater ein Büro im zweiten Stock hatte –, um zum Mittel der Verführung zu werden, mindestens aber Krebs zu helfen, Zutritt zu jenen jugendlichen Kreisen zu finden, zu denen er schließlich gehört. Aber für Krebs ist diese Normalität unmöglich, und auch das Auto, Mythos und Werkzeug der Eroberung für jeden jungen Amerikaner, muß daran scheitern.

In einer amerikanischen Stadt sind Autos zu Beginn des zwanzigsten Jahrhunderts wahre Aushängeschilder für den Eros. Sie verkörpern die Psychologie der Helden und werden zu deren symbolischer Entäußerung. Man denke an den Roman *Die Stadt* von William Faulkner, dessen Handlung auf dem Gegensatz zwischen dem unverbesserlichen Frauenhelden De Spain, dem Bürgermeister der Stadt Jefferson, wo die Geschichte 1904 beginnt, und dem Präsidenten der örtlichen Bank, Flem Snopes, einem gerissenen und impotenten Betrüger, basiert. Deutlicher als je zuvor werden hier die jeweiligen Fahrzeuge zum Wahrzeichen der Persönlichkeit, der Karriere und des Schicksals der beiden Männer: der rote, aggressive Wagen mit abnehmbarem Verdeck des ersten ist »ein exzentrisches Auto, das Sicherheit verleiht, es ist unwiderruflich und unvermeidlich polygam und ein Junggeselle wie sein Besitzer«; und das anonyme Auto des zweiten, »ein keineswegs teurer Wagen, zuverlässig, mit unauffälligen Ausmaßen und in einem schönen Schwarz, das nicht auffällt...« Wie sehr das Auto dazu tendiert, sich in jeder nur möglichen Hinsicht zur Hauptfigur im amerikanischen Liebesleben zu machen, zeigt das Beispiel der Sister Bessie, Predigerin aus Georgia, die in Erskine Caldwells Roman *Die Tabakstraße* die Lebensversicherung ihres verstorbenen Gatten bis auf den letzten Cent ausgibt, um einen neuen Ford zu kaufen. Das Auto ist für Bessie ein Mittel, einen neuen Ehemann zu finden und der Arbeit auf den Feldern zu entfliehen. Bessies Anrufung Gottes, als sie vor dem Autohändler steht, ist ein kleines Meisterstück der Ironie: »Guter Gott, wir knien in dieser Autowerkstatt nieder, um für diesen neuen Autohandel Schutz zu erflehen ... und auch diese beiden Herren, die uns soeben ein Auto verkauft haben, brauchen Deinen Segen, damit sie ihre Autos für den allerbesten Zweck verkaufen können.«

Das Auto kann auch zum Symbol für einen der dramatischsten Momente der amerikanischen Geschichte werden: die Odyssee Tausender Bauernfamilien, die in den Jahren der Großen Depression nach Kalifornien auswandern. In seinem Roman *Die Früchte des Zorns*, dessen Handlung John Steinbeck auf der Geschichte der Joads, einer Familie von Landarbeitern aus Oklahoma, basieren läßt, führt er die vielschichtige Natur des Autos vor. In Gestalt einer geschlossenen Limousine, schwarz, schimmernd wie der Panzer eines Käfers, repräsentiert es die anonyme und undurchdringliche Macht der neuen Landbesitzer – Banken und Finanzierungsgesellschaften –, die das Ende der Halbpacht ankündigen, die von den Techniken der intensiven Bodennutzung und der Mechanisierung der Landwirtschaft überrollt wird. Doch das Auto kann auch als rettendes Element dienen, als mobiles Heim der Familie. Wenn das Haus, die Felder zu toten Dingen werden, der Vergangenheit angehören, stellt das Auto die einzig lebendige, aktive Kraft dar, steht es für Gegenwart und Zukunft. Der ehrwürdige Hudson mit seinem verbeulten Kühler, staubig und mit Fett beschmiert, halb Lastkarre, halb Limousine, ist jetzt der neue heimische Herd der Joads, das lebendige Zentrum, um das sich die Familie schart. In einer der eindrucksvollsten Passagen der amerikanischen Literatur, die im Rhythmus dem Ton des Alten Testaments folgt, erzählt Steinbeck von der Metamorphose, oder eher Regression, die aus Pächtern wieder Pilger macht, Pioniere der Neuen Welt, welche auf ihrem klapprigen Wagen zu Helden der ewigen Wanderung in das gelobte Land werden. Dieser Wagen ist von Mal zu Mal Schauplatz von Liebe und Tod, der Ort, wo das Leben weitergeht und wo eine zweifelhafte Befreiung gesucht wird. Mit ihrem staubigen Hudson, der unter dem Gewicht von Menschen und zahlreichem Hausrat ächzend, mühsam auf dem Highway 66 vorankommt, verkörpern die Joads das Schicksal Tausender Landarbeiter, die von ihren Farmen vertrieben wurden. Am Ende der zermürbenden Odyssee sehen sie sich verwirrt in Kalifornien angelangt, wo es ein Überangebot billiger Arbeitskräfte gibt, wo sie von den Besitzern der Obstplantagen verjagt und von Sheriffs gehetzt werden, weil sie inzwischen das unauslöschliche, schmachvolle Zeichen der Armut tragen. Was uns hier besonders interessiert, ist jedoch die Verwandlung des kleinen Pächters in einen Reisenden wider Willen, der aus dem Auto das Instrument für sein Überleben macht, für den dieses zum Objekt unausgesetzter Sorge und ständiger Pflege wird: »Sie waren keine Farmer mehr, sie waren Wanderer«, schreibt Steinbeck und fährt fort:

> Und das Planen, das lange Schweigen und die Gedanken, die früher hinausgegangen waren auf die Felder, gingen jetzt auf die Straßen, in die Ferne, nach Westen. Der Mann, der früher in Äckern gedacht hatte, dachte jetzt in engen Straßenmeilen. Und seine Gedanken und Sorgen waren nicht mehr der Regen, der Wind und der Staub und die Ernte. Seine Augen untersuchten die Reifen, seine Ohren lauschten auf das Klappern der Motoren, und seine Sorgen galten dem Öl, dem Benzin und dem dünner werdenden Gummi zwischen der gepreßten Luft und der Straße. Dann war ein gebrochenes Getrieberad eine Tragödie. Dann waren das Wasser am Abend und das Essen über dem Feuer das einzige Verlangen ... Der Wille flog ihnen westwärts voraus, und die Ängste, die früher der Trockenheit oder Überschwemmung gegolten hatten, richteten sich jetzt auf alles, was sie in ihrem Zug nach Westen aufhalten konnte.

Mit seinem feinen Gespür für atmosphärische Erinnerungen hat Jean Rouaud uns dagegen – und damit sind wir wieder in Europa, in der französischen Provence – in seinem Roman *Die Felder der Ehre* eine weitere Seite der Liebe im Auto enthüllt: Es geht um die Großeltern, die im Gegensatz zu dem, was die Enkel von ihnen denken, durchaus noch nicht am Ende ihres Lebens angelangt sind und nur noch in alten Erinnerungen kramen, sondern einen schrottreifen alten 2 CV zum Schlachtfeld ihrer liebevollen Auseinandersetzungen machen. Während der Großvater symbiotisch mit seinem Wagen zusammengewachsen ist, den er praktisch mit geschlossenen Augen zu steuern vermag, »in seinem Sitz kauernd, die Hände unten auf das Steuer gelegt, im Mundwinkel eine Zigarette, die langsam verglüht ...«, zweifelt die Großmutter fortwährend an der Zuverlässigkeit und dem Verhalten dieses Autos, das so tut, als sei es ein Cabriolet. Sie findet es ungeeignet für das Klima der Gegend, stopft seine Risse und Öffnungen und treibt seine Scheibenwischer an, die »so langsam sind wie schleimige Schnecken«. Sie wühlt im Handschuhfach herum oder hantiert mit den Hebeln und drückt damit ihren ganzen liebevollen Protest aus, während sie gleichzeitig die Unterhaltung mit ihrem Reisebegleiter in Gang hält. Eine Unterhaltung, die immer wieder durch ein »Paß auf!« unterbrochen wird, wenn ein schneller Flitzer vorbeifährt, dessen Luftzug ausreicht, die zerbrechliche Schale ihrer beider Leben ins Schwanken zu bringen.

Mit einer schönen Textstelle in leise sehnsüchtigem Ton beschwört Fabrizia Ramondino die Erinnerung an eine unwiderruflich verlorene, obwohl noch nahe Vergangenheit, und die vielfältigen Riten einer nicht allzu fernen Generation. Sie widmet die Passage der doppelten Rolle eines Gebrauchtwagens als Fahrzeug und Aufenthaltsraum:

> Wenn ich dagegen an einen alten blauen Sechshunderter denke, sehe ich den Jüngling wieder, der mein Mann war... Es war ein gebrauchter Sechshunderter, aus zweiter Hand wie seine Tweedjackets, seine zwei Pullover, einer grau, der andere mit gelben und braunen Rauten. Der Hubraum paßte zu Leuten, die keine Eile haben. Pannen machten einen damals nicht nervös. Liebevoll wußte er jedes verdächtige Geräusch richtig zu deuten, und er konnte den Schaden eigenhändig beheben. Die Karosserie mit ihrem nüchternen Profil entsprach genau den Menschen, die einen angeborenen Sinn für das Wesentliche haben, eine wohlbedachte Abneigung gegen das allzu Glänzende und alles Blendwerk. Da er, als ich ihn kennenlernte, in einer Familie lebte, von der er sich unterdrückt fühlte, war der Sechshunderter seine Freiheit – als *flâneur,* als Liebhaber, als Freund, als bescheidener Reisender ... Dieses Auto war eine Zeitlang unser Zuhause. Und wir reisten über wenig befahrene Landstraßen, zu Museen, Monumenten, unbekannten Dörfern, die er mir zeigte...

Erst ein lange währender Umgang mit dem Auto ermöglicht verschiedene neue, unbekannte Sinneswahrnehmungen, die durch das Gefährt hervorgerufen werden und sich manchmal zu richtigen Verführungen steigern können. Der Innenraum hebt in umgekehrt proportionalem Verhältnis zu seiner Enge die Gerüche und Düfte seiner Insassen hervor, er verändert ihre Stimme, macht sie mal warm und weich, mal scharf und durchdringend, um das Autoradio zu übertönen. Er verändert ihr Aussehen, indem er uns an der Person, die neben uns sitzt, auf überraschende Details aufmerksam macht: einen Lidschlag, ein Ohrläppchen, den Haaransatz. Im Inneren des Autos verschieben sich die Dimensionen, als würde die Gestalt des anderen durch ein Vergrößerungsglas betrachtet und erschiene wie eine erzwungene Synekdoche, ein Teil für das Ganze. Dies ist eine Situation, die das Gefühl von Intimität und gegenseitiger Anziehung wie umgekehrt auch das von Unbehagen und Widerwillen verstärkt. Im Auto kann man sich in einer recht unangenehmen Lage befinden, etwa so wie Lemuel Gulliver beim Anblick der Mädchen von Brobdingnag mit ihren tellergroßen Muttermalen und einem Geruch, bei dem er fast ohnmächtig wurde. Man kann dort aber auch erregende Situationen erleben, wenn die geringste Veränderung der Sitzhaltung, die unbeabsichtigte Geste zum lang ersehnten Kontakt führen, und wenn der Blick zur Seite vom seidigen Schimmer eng anliegender Strümpfe oder von einer unbeschäftigt im Schoß liegenden Hand angezogen wird, die man gerne sofort ergreifen möchte. Emmanuèle Bernheim hat in ihrem erst jüngst erschienenen *Vendredi soir* die proximalen Aspekte angesprochen, mit denen die Insassen eines Autos zu tun haben. Deren räumliche Nähe wird bei ihr zum Anlaß von Erzählungen: wie plötzlich eine Anziehungskraft entsteht, wenn die Sinne vom Innenraum des Autos unterschwellig erregt werden, wo es nach Leder, Tabak, Lavendel und nach Parfümen riecht. Gerüche, die sich beim Öffnen des Fensters schnell verflüchtigen, um sich unmittelbar darauf dem olfaktorischen Gedächtnis als schwache Spur einer Abwesenheit erneut aufzudrängen. Im Auto teilen Gerüche und Düfte die Identität und Körperlichkeit einer Person nachdrücklicher mit als an anderen Orten. Aber auch das Rauschen der Gedanken im Kopf vollzieht sich hier auf ganz andere Weise. Von Zeit zu Zeit paßt es sich dem Summen des Motors an, dann wieder stimmt es nicht mit ihm überein, mal wird es intensiver, vibrierend, mal stumpf und widerspenstig, als fürchteten die Gedanken, plötzlich sichtbar zu werden, weil sie die Luft in einem so engen Raum durchdringen.

Seit es das Auto gibt, dient es, wie wir gesehen haben, als provisorisches Liebesnest, als Ort für Gedanken und Erwartungen, als Mittel für Vergnügen und Erkenntnis. In der jüngsten erzählenden Literatur nimmt die Verbindung zwischen der Liebe und dem Auto jedoch neue Töne an, als ob auch die Liebe von der schwankenden und verunsicherten, etwas bedrohlichen Perspektive erfaßt würde, unter der man das Auto heute sieht. Dies nimmt der Verbindung des Eros mit dem Auto nicht die Schärfe, macht sie nur sehr viel weniger offensichtlich, problematischer, anfälliger für dramatische Wendungen. Typisch sind in dieser Hinsicht zwei Asphalterzählungen von Julio Cortázar, in denen das Auto die Begegnung und die Verliebtheit zwischen einigen Reisenden begünstigt, was dann aber zu überraschenden Entwicklungen führt. In der Kurzgeschichte *Südliche Autobahn* – über die wir noch ausführlich sprechen werden – verlieben sich ein namenloser Er und eine Sie, die Fahrer zweier Autos, die während eines endlosen, tagelang andauernden Autobahnstaus nebeneinander stehen. Abends steigt einer in das Auto des anderen, und von außen sieht man nur eine Hand, die einen Nacken streichelt, »das Ende eines Kusses«. Als die Autos wieder losfahren dürfen, sind die beiden ineinander verliebt, haben sich unendlich zärtlich geliebt, unter schmutzigen Decken, mit lang gewachsenen Fingernägeln, nach abgestandener Luft und nicht gewechselter Unterwäsche stinkend. Im Strom der ungeduldig anfahrenden Autos verlieren sie einander, einer kennt die Adresse des anderen nicht, sie wissen nicht, in welche Abzweigung sie einbiegen müssen, und mit einem Lächeln ungläubiger Hoffnung auf dem Gesicht strecken beide immer wieder den Arm aus, suchen die Hand des anderen, berühren sich gerade eben mit den Fingerspitzen. In der anderen Erzählung, *Ein Ort mit Namen Kindberg,* die zehn Jahre früher erschienen und in Cortázars typisch ›chamäleonartigem‹ Stil verfaßt ist, entsteht die Liebe unerwartet zwischen einem Reisenden mittleren Alters und einer jungen Anhalterin. In der kurzen aber intensiven Liebesbeziehung macht das junge Mädchen Lina – liebevoll »das Bärchen« genannt – der Hauptfigur in einem erschütternden Bekenntnis deutlich, in welchem Ausmaß sie den Sinn ihres Lebens verloren hat, und wie sehr das Leben ihr entglitten ist. Nachdem er das Mädchen seinem Schicksal rastlosen Umherstreunens überlassen hat, zerschellt er mit seinem Auto an einem Baum. Der Schluß der Erzählung verdient es, ausführlicher wiedergegeben zu werden:

> Und das Bärchen, gehorsam, als ob man sie plötzlich getroffen hätte, in der Ferne, mit gesenktem Kopf die Zuckerstückchen essend, ihn beobachtend, wie er bezahlte und aufstand und ihr den Rucksack gab und ihr die Haare küßte und ihr den Rücken zudrehte, und sich entfernte unter einem wütenden Hochschalten der Gänge, fünfzig, achtzig, hundertzehn Stundenkilometer, die Straße offen für die Vertreter von Fertigbaumaterial, die Straße ohne Kopenhagen und angefüllt nur mit aufgeweichten Segelschiffen in den Rinnsteinen, mit immer besser bezahlten Posten, mit dem gemurmelten *porteño* von Rubì, mit dem Schatten der einsamen Platane in der Kurve, mit dem Baumstamm, an den er sich mit hundertsechzig klebte, das Gesicht ins Steuer gesenkt wie Lina ihr Gesicht gesenkt hatte, denn so machen es die Bärchen, wenn sie ihren Zucker essen.

Der fatalen Ironie des Wechselschritts entsprechend ist das Auto der bevorzugte Schauplatz und das Werkzeug der Liebe für ganze Generationen, die hier eine andernorts undenkbare Freiheit und Intimität fanden, immer auch ein elitäres Hilfsmittel für den Selbstmord gewesen. Es ist, als entstünde an dem Ort, der den Eros begünstigt, zugleich ein unbezwinglicher Todestrieb. Von Albert Camus bis James Dean, beide leidenschaftliche Autoliebhaber, demonstriert der Selbstmord mit dem Auto, daß es auch imstande ist, seinen Insassen aus dem Leben zu schleudern, ihm das Gewicht der Körperlichkeit zu nehmen und den Aufprall, auf den augenblicklich die Stille folgt, zu einer letzten, verhängnisvollen Auseinandersetzung mit der Wirklichkeit vor der unendlichen Reise zu erhöhen.

Mittel der Verführung

Das berühmte Selbstportrait von 1932, in dem Tamara de Lempicka sich – im sandfarbenen Helm mit Sturmriemen und gelben Handschuhen – am Steuer eines smaragdgrünen Bugatti darstellt, der natürlich in einem diagonalen Ausschnitt erscheint, um den Eindruck von Dynamik hervorzurufen, ist zum Symbol für Luxus, Eleganz und kesse Unverfrorenheit geworden. In ihrer Symbiose mit dem Sportwagen wird die femme fatale zum Sinnbild der Verführung. Die subtile Erotik dieses Bildes rührt jedoch auch daher, daß die Frau sich hier ein Instrument kühner Modernität und typisch männlicher Verführungskünste angeeignet hat. Sie besitzt die zwiespältige Faszination des Befremdenden und Überraschenden. In ihrem herausfordernden Blick, der den Betrachter kalt streift, löst sich die erregte Rhetorik jenes Paolo Tarsi auf, der viele Jahre zuvor in D'Annunzios *Vielleicht – vielleicht auch nicht* den heroischen Wind der Geschwindigkeit zum modernsten Mittel der Verführung machte: »Die Wut blähte die Brust des über das Steuer seines schnellen roten Autos gebeugten Mannes, das mit einem kriegerischen Donnern wie der Wirbel auf einer großen metallischen Trommel über die alte Römerstraße raste.« Vom Verhalten des Fahrers bis zur Farbe des Wagens ist in den beiden Ikonen des Automobils, der gemalten von De Lempicka und der literarischen von D'Annunzio, alles einander entgegengesetzt. Schon Morasso hatte den Prototyp der modernen Heldinnen prophezeit, die ihm »kühn und stolz« erschienen, »niemals als Amazonen anzusehen sind, sondern als *chauffeuses* auf einer wendigen *voiturette*, auf dem ernsten und feierlichen, benzingetriebenen *tonneau*«.

Auch in weniger erhabenen und modernistischen Zusammenhängen verbreitet die Auto fahrende Frau einen unverwechselbaren Zauber. »Mit ihren kleinen Händen auf dem Steuer war sie einfach entzückend«, liest man in *Jonah & Co*. von Yates, der dann beschreibt, wie die durch das Fenster wehende Luft mit den Spitzen um den Hals der Frau spielte, und wie auch ihre weichen Haare dem Luftzug ausgeliefert waren. Das Kinn erhoben, ein wenig ärgerlich blickend, die Lider halb gesenkt, ein ganz leichtes Lächeln um die Mundwinkel, saß die Dame in einer äußerst attraktiven, entspannten Haltung hinter dem Steuer, die ihre Wirkung nicht verfehlte: Nur die leicht geöffneten Lippen verrieten ihr Verlangen. Mit der technischen Entwicklung der Fahrzeuge sollte auch die amerikanische Frau innerhalb weniger Jahre die vehemente Rhetorik der männlichen Sprache mit der ganzen Bandbreite an Anspielungen und Anzüglichkeiten übernehmen. So liest man in *Mildred Pierce* von James M. Cain: »Sie drückte das Gaspedal ganz herunter. Sah den Tachometer, der ausschlug und die fünfzig, siebzig, achtzig … Stundenkilometer überschritt … das Auto injizierte ihr etwas in die Venen, etwas wie Leidenschaft, wie überlegene Macht, was sie hemmungslos machte wie kein Gespräch, kein Alkohol, kein Liebhaber es vermocht hätte…«

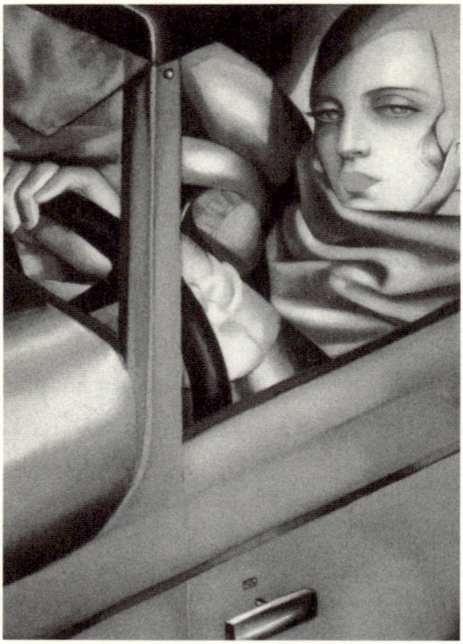

Tamara
De Lempicka,
*Selbstbildnis
im Automobil*

In Italien wird das Auto von seinem ersten Auftreten an und dann für lange Zeit unter dem Aspekt der Erotik mit dem Alkoven D'Annunzios identifiziert, einem gepolsterten, prächtig mit Bruyèreholz, Mahagoni und wohlriechendem Leder verkleideten, eleganten Kasten, in dem sich die Helden aus *Die Gleichgültigen* von Moravia noch viele Jahre später zum Ball ins Ritz begeben, oder wo ihre Begleiterinnen sich willig auf den Kissen ausstrecken. Das Auto ist damals noch ein verführerisches Luxusprodukt, umgeben vom Nimbus der mythischen Avantgarde-Bewegungen der Vorkriegszeit. Doch vom größten Industriezweig Italiens geht mit den dreißiger Jahren der Impuls aus, auch in der Literatur ein weniger elitäres, weniger luxuriöses, ein beruhigendes und familiäres Bild des Autos zu verbreiten. Dies steht im Zusammenhang mit den Veränderungen der Firmenpolitik und der Ausweitung des Handelsnetzes, das besonders auf die Bedürfnisse und Wünsche der Mittelschicht achtete, die man als idealen Adressaten ansah. Durch die Einführung von Ratenkäufen, den Wiederverkauf gebrauchter Autos, unzählige Maßnahmen zur Unterstützung von Umtausch und Vermietung und allen damit zusammenhängenden Geschäften setzte Fiat, wie Pietro Maria Bardi bemerkt, eine neue Verkaufsstrategie durch.

Zum Sprecher dieser neuen Politik macht sich Massimo Bontempelli, der vor allem die hartnäckige Mystifizierung des Autos ablehnt und statt dessen seinen Status als Handelsprodukt, seine von literarischen Verbrämungen befreite, ihm eigene Funktionalität betont: »Das Auto, ein Produkt des menschlichen Geistes, ist, wenn es einmal hergestellt ist, nicht mehr interessant, es ist dem praktischen Dienst am Menschen unterstellt, weder beherrscht es ihn, noch erhebt es ihn… Es ist ebenso kindisch, das Auto zu fürchten wie es zu preisen.« Unschwer liest man aus diesen Zeilen die ausdrückliche Bestreitung des Mythos. Abgelehnt wird die bis dahin vorherrschende Auffassung vom Auto, die ihm noch phantasievoll eine Faszinationskraft verlieh, in der der ganze ungestüme Vitalismus der Futuristen steckte. Bontempelli räumt also auf mit dem Kult der Geschwindigkeit als einem erhabenen und absoluten Wert, als äußerster Herausforderung des Schicksals und unwiderstehlichem Mittel der Verführung. In seinem Werk, vor allem in dem 1931 erschienenen Roman *522. Racconto di una giornata*, dessen Hauptfigur das neueste von Fiat produzierte Modell ist, unterstreicht Bontempelli die Natürlichkeit der Geschwindigkeit und lobt ihren Träger, die »Menschlichkeit des Autos«. Bontempellis Flirt mit dem neuen Fahrzeug hat übrigens eine lange Geschichte, denn schon 1904 finden wir eine amüsante Ekloge mit dem Titel *Im Auto.* »Sie kam an und stieg schwungvoll ein«: Das Auto ist der Ort der ersten Liebesbegegnung, der ersten zufälligen Kontakte – »Sie zog den dichten Hutschleier am Kinn fest, stützte sich / Einen winzigen Moment lang auf meine Knie« –, der Erregungen, des Erbebens und der keineswegs augenblicklichen Fluchten. »Ich bringe sie ganz langsam nach Hause, überfahre / Irgendeinen anderen herumstreunenden Hund, draußen / Sind wir Häuser und dringen ins Leere vor.« Doch es handelt sich hier eher um eine Fahrt der Gefühle als um eine des Motors, wir sind weit entfernt von Morassos oder D'Annunzios dynamischem Erhabenen, vom rauschhaften Flug, mit dem die schöne Mitfahrerin erobert werden soll. Hier herrscht ein ironischer Ton, der den ganzen Reiz des Spiels zwischen Erbeben und Erschrecken der beiden Parteien vorführt: »Süß ist es, meine Freundin, gemeinsam zu fahren: die Herzen / Klopfen ein wenig bei dieser Bewegung; ich bete / Daß Eures mit dem Feuer des meinen klopft.«

In diesen Jahren gibt es zahlreiche Stellungnahmen, die das Phänomen Auto einer historischen Analyse unterziehen, und es mit diesem Beitrag zu seiner Entmythologisierung von seinem Ruf als großer Verführer befreien. Ein besonders wichtiges Beispiel ist der Text *Poesia della macchina*, mit dem Corrado Alvaro in einer Zeit, in der man über die phantastische Entwicklung des Autos und seinen Erfolg bei neuen Benutzerkreisen jubelt, die Kehrseite des Phänomens, die Anzeichen für seinen Untergang beschreibt. Er behauptet, der moderne Mensch habe die Poesie des Autos erfunden, indem er es als eine großartige Errungenschaft feiert, er fühle sich verführt vom Auto, von seiner neuen Architektur, seiner neuen Logik. Doch mit den Jahren erhält das Auto bereits seine eigene Archäologie. Der höchste Ausdruck von Modernität hat schon nach hundert Jahren sein Museum. Auf dem Höhepunkt dieses radikalen Perspektivenwechsels finden wir einen Roman, der eine Fortsetzung von Bontempellis

Vauxhall Type S, Limousine, 1926

Werk bildet. Es ist *La strada e il volante,* von Pietro Maria Bardi 1936 für Fiat verfaßt und dem neuen Modell 1500 gewidmet. In einer aufschlußreichen Bemerkung zu diesem Buch sagt Bontempelli, hier sei nichts mehr vom Loblied auf die Geschwindigkeit zu spüren, deutlich erkennbar sei statt dessen der neuartige Reiz einer ausgedehnten »ästhetischen Entdeckungsreise« auf Italiens Straßen. Tatsächlich verlieren jetzt sogar die Dyaden Liebe und Auto, Eros und Geschwindigkeit jene emphatischen, aufgeregten, aggressiven Töne, die sie bisher kennzeichneten, um den gemächlichen Ausdruck eines spießigen, bürgerlichen Ölgemäldes anzunehmen. Die eigentliche Aufgabe des Romans besteht darin, die Öffentlichkeit auf den ästhetischen Kanon der sich schnell verbreitenden, wirkungsvollen Reklamebilder vorzubereiten. Ein überaus sprechendes Beispiel hierfür ist die keineswegs ironisch gemeinte Szene in Bardis Erzählung, in der es um die Liebe als Schlüssel zum Traum vom Auto geht. Sonntags brausen die Pärchen auf Gummireifen davon, schreibt Bardi und konstatiert dann, heutzutage werde der Dichter im Wald keinen einzigen jungen Mann mehr antreffen, der mit seinem Mädchen auf dem Arm einen Bach überquert; er sehe statt dessen ein junges Mädchen, das den Kopf auf die Schulter ihres am Steuer sitzenden Kavaliers stützt. Als Rahmen dieses entzückenden kleinen Bildes dient die Windschutzscheibe, und das Glas sorgt dafür, daß das Sujet geschützt wird. Das Sujet von Kalenderbildern und Werbekampagnen, versteht sich, denn diese beginnen gerade, auch in Italien in großem Umfang die Idee vom Auto als einem Ort für liebende Zusammenkünfte zu verbreiten, wobei diese Treffen kaum mehr verwirrend, im Gegenteil, eher wohlvorbereitet und überhaupt nicht mehr heimlich sind.

Die anspruchsvollere Literatur wiederum hatte schon seit einiger Zeit begonnen, andere Formen der Verführung durch das Auto zu beschreiben. Ein Beispiel ist die Hauptfigur in *Parallelen der Liebe*, dem 1925 erschienenen und in Italien spielenden Roman von Aldous Huxley. Am Steuer seines Vauxhall Velox wird diese Figur zu einem ganz anderen Menschen. Schon eine halbe Stunde im brüllenden Fahrtwind verwandelt einen schüchternen, unbeholfenen Jungen in einen kaltblütigen Helden, der nicht nur am Steuer, sondern auch im Leben plötzlich wagemutig wird. Der Wind trägt sein Mißtrauen mit sich fort, die Geschwindigkeit berauscht ihn und verjagt so seine Schüchternheit. All seine Siege trägt er auf dem neuen Schlachtfeld des Autos davon. Im Auto erobert er die Heldin des Romans, doch dieses Mal nicht mit Hilfe des oft mißbrauchten Mittels der Geschwindigkeit, die betäubt und willenlos macht, sondern mit einer sehr viel raffinierteren und wirkungsvolleren Taktik, mit einer Art unendlicher Karussellfahrt – um den Trasimener See herum –, die wie ein Einkreisen des Herzens, wie eine hypnotisierende Verzauberung wirkt.

Natürlich mußte die Postmoderne die ironischen und grotesken Aspekte einer Verführungskunst aufnehmen, die das Auto zu ihrem bevorzugten Betätigungsfeld gemacht hat. John Hawkes, dessen Roman *Die zweite Haut* wir bereits zitiert haben, präsentiert das Auto wiederholt als symbolische Projektion seines Besitzers. Es kann sich dabei um die Klapperkiste einer Nebenfigur handeln, an der die idiotischen Embleme der gerade aktuellen Mode prangen, einschließlich der unvermeidlichen phallischen Selbstdarstellung, wie sie sich in der Beschreibung des Autos durch seinen Besitzer ausdrückt, der berichtet, es sei dreizehn Mal mit schwarzer Farbe und Wachs angestrichen und habe dicke Röhren aus Aluminium, die sich aus dem Motor herauswinden, außerdem vorn eine Antenne, an deren Spitze er einen kleinen, dichten, weichen Eichhörnchenschwanz gehängt habe, ein kleines Banner, kürzlich erlegt, leicht und weich herabhängend. Es kann aber auch ein riesiger Packard mit seiner ganzen furchterregenden Leistungsfähigkeit in Sachen Lärm und auseinanderfallenden Metallteilen sein, der zum unglückseligen Äquivalent einer anderen Figur wird. Und zuletzt ist da das Auto von Miranda, der megärenhaften Verführerin des alten Skipper, des Helden im Roman. Sie ist eine perfekte Antithese zur Heldin in Shakespeares *Sturm*, deren Namen sie trägt. Die Szene ist eine sarkastische Umkehrung jugendlicher Erfahrungen mit der Liebe und gleichzeitig eine ironische Anspielung auf eine ganze kulturelle Tradition. Ihr Schauplatz ist »Cleopatras Auto«, wie Skipper es definiert, und die Szene verbindet das Schiff aus Shakespeares *Antonius und Cleopatra*, wo die ägyptische Königin Antonius verführt, und die Parodie dieser Verführung, die T. S. Eliot in *Das wüste Land* gestaltet hat, zu einem einzigen Bild. Das glänzende goldene Schiff wird zum Automobil der Verführung: »Und neben dem Schuppen der verbeulte und verlassene Körper eines alten Autos ... und in diesem dunklen, ausgeweideten Inneren, in dem ein seltsames Echo herrschte, Miranda mit einer nackten, weißen Hand auf dem Steuer. Dichter Schatten einer Frau, Königin des Nils.« Dann die dringliche und brutale Aufforderung: »Steig ein«. Der Leser darf jetzt den Blickwinkel des unfreiwilligen Gastes einnehmen, der den Kopf ins Wageninnere steckt und sich umschaut, doch was er sieht, ist nicht »Ihr Sitz, die Barke, glänzte wie ein Thron ... Zur Seite, mit holden Grübchen lächelnd wie Cupidos, Knaben mit bunten Fächern ...«, um es mit Shakespeare zu sagen, sondern: »Luftlöcher aus Rost, Flocken aus Flaumhaar, Beutel aus Schnee, Glasscherben auf dem Boden... Und das Glas knirschte, die Federn des Sitzes waren Fallen aus Stahl, der Gangschalter – ein kleiner Totenschädel aus Plastik als Knauf – sprang plötzlich aus seiner Verankerung heraus, das Instrumentenbrett war ein Nest aus gekappten, toten Kabeln und zerbrochenen, herunterbaumelnden Anzeigern.« Es folgt der verwirrende Angriff auf den Geruchssinn, weit entfernt von Cleopatras Barke bei Shakespeare, mit ihrem »seltsamen, unsichtbaren Duft, der der Sinne Ufer traf«. In Mirandas Auto herrscht ein kalter, säuerlicher Geruch nach Ranzigem, als wäre die Karosserie in einem Riesenfeuer verbrannt worden, ein stechender, scharfer Geruch, der die übrigen Gerüche des Autos hervortreten läßt: ein vager, bitterer Duft nach verbranntem Holz, Salzgeruch vom nahen Meer, Parfüm – Pariser Nacht –, mit dem Miranda sich die Handgelenke, den Hals und die dichten schwarzen Haare benetzt hatte. Dann der Schluß, der nicht mehr die Kraft aufbringt, weiterhin hämisch zu sein: »Mir wurde schließlich schlecht, und ich hatte nur noch den Wunsch, den Kopf auf die Knie zu legen, mein nacktes Haupt mit den Armen zu bedecken und zu schlafen.«

Erzählte Geschwindigkeit

Freie Bahn zum Traum

Im Jahre 1905 unternimmt der Franzose Eugène Demolder die erste Autoreise auf spanischem Boden, eine Erfahrung, aus der im darauffolgenden Jahr eines der lebendigsten Reisebücher hervorgeht, *L'Espagne en auto. Impressions de voyage.* Durch dieses Buch sollte das Interesse des modebewußten Tourismus an der iberischen Halbinsel stark zunehmen. In einigen wortgewandten Bemerkungen betont Demolder den außergewöhnlichen Charakter einer Reise, durch die man mitten in wilde, abgeschiedene Gegenden gelangt, wohin es sonst nur wenige Händler zieht; man fahre dort durch verstört zurückweichende Menschenmengen, mache Halt an alten Poststationen, man entdecke steile und pittoreske Winkel in abgelegenen Dörfern und könne von weitem Städte erblicken, die wie Galeonen auf dem bewegten Meer der Hügel schwanken oder die Berge wie Diademe krönen. So reisten früher die Herrscher in ihren Kutschen über die Hauptstraßen, fügt Demolder hinzu, wir haben dagegen den Vorteil, uns ohne Hofstaat, ohne Hochmut, ohne Gefolge frei bewegen zu können, und dank des geheimnisvollen Genius, der im Inneren eines magischen Apparates rumort, dürfen wir eine Geschwindigkeit genießen, von der die Herrscher früherer Zeiten nicht die geringste Vorstellung besaßen.

Demolder zeigt, mit welchen rhetorischen Mitteln die Reportage über eine Autoreise mit der traditionellen Reiseliteratur verbunden werden kann, wenn sie Ähnlichkeiten und Unterschiede hervorhebt. Holprige Straßen werden sowohl für diejenigen, die in der Kutsche fahren, als auch für Automobilisten zum Ärgernis. Und was die Erlebnisse auf der Straße betrifft, so müssen wir an Reifenpannen, Motorschäden, Begegnungen und Zusammenstöße mit Tieren erinnern, alles Ereignisse, die zu einer besonderen Form von Anekdoten führten. Diese stammt zwar aus der herkömmlichen Reiseliteratur, hat aber ihren eigentlichen Ursprung in der Angewohnheit der ersten Autofahrer, über ihre Fahrten peinlich genaue Tagebücher zu führen, die bezeichnenderweise Logbücher genannt wurden. Man lese als Beispiel folgende Stelle aus dem Buch des Doktors H.E. Tracy aus Devon, der 1907 schrieb:

> Den Hund von Sir Thomas überfahren und verletzt. Es ist seine Schuld, denn er ist stocktaub. Aus dem Hinterreifen ist die Luft entwichen, weil das Ventil durch die Reibung mit der Felge abgerissen wurde. Ich habe zwei schreckliche Steigungen bewältigt. Das war nur möglich, weil ich alle zum Aussteigen gezwungen habe. Eine zerbrochene Flasche hat mir einen Reifen zerfetzt. Ich habe ihn durch einen anderen ersetzt, der bei Taverton ein Loch bekam, worauf ich ihn in einer Reparaturwerkstatt lassen mußte. Das Pferd eines Bauern ist beim Anblick des Automobils zurückgeschreckt und gestürzt, wobei es eine Deichsel des Wagens zerbrochen hat. Niemand hat sich weh getan...

Ein weiteres, immer wiederkehrendes Element ist die romantische Begeisterung für Länder, die am Anfang des Jahrhunderts noch eine ursprüngliche und pittoreske Atmosphäre besaßen, wie das von Marge besuchte Spanien oder Bosnien-Herzegowina. Die weite Entfernung verwandelt sich im Geist des Reisenden in zeitliche Distanz, in eine exotische, abenteuerliche Flucht vor der Zivilisation, und die Reise wird zur Entdeckungsreise. Doch der interessanteste

Vergleich ist derjenige zwischen der Kutsche – wenngleich einer königlichen Kutsche – und dem neuen Fahrzeug. Bezeichnend ist, daß Demolder, ebenso wie James, das Auto nicht ausdrücklich beim Namen nennt und es nur mit umschreibenden Begriffen erwähnt, die weniger technisch sind, sondern eher zum Vokabular der Geisterbeschwörung gehören, wenn er etwa vom »geheimnisvollen Genius, der im Inneren eines magischen Apparates rumort« spricht.

Der große Unterschied zwischen der alten und der neuen Form des Reisens ist die unerhörte, außergewöhnliche Erfahrung der Geschwindigkeit, oder besser, der mit Bequemlichkeit und totaler Bewegungsfreiheit verbundenen Geschwindigkeit. Der immer wieder auftretende Vergleich des Autos mit der Kutsche fällt durch nostalgische Reminiszenzen und ein uneingestandenes Bedürfnis nach Verbindung mit der Vergangenheit kaum nachteilig für die Kutsche aus. Wenn wir als Zeugen dafür die ersten Reisenden nehmen, die mit dem Auto in Europa umhergefahren sind, nicht um Geschwindigkeitsrekorde aufzustellen, sondern um Länder und Kulturen kennenzulernen, bemerken wir, daß dieses Bedürfnis nach einer Verbindung mit dem inzwischen überholten Transportmittel fast immer unterschwellig eine Rolle spielt, oft sogar eigens betont wird. Dennoch gilt das Auto allgemein als Dämon der Schnelligkeit, und diese immer wieder auftauchende Bedeutung überwiegt gegenüber der Konnotation einer freien Beziehung zu dem Land, durch das man fährt, zur Umwelt, in die man sich begibt, zu den kleinen Städten, die zu erreichen und zu besichtigen erst durch das mechanische Fortbewegungsmittel möglich wird. Das Auto, um ein dynamisches Bild Morassos zu zitieren, ist vor allem »die schöne, erhabene Furie aus Metall, die, in eine Staubwolke gehüllt, von der Hand des Menschen in einem so irren Rennen geführt wird, daß es wie ein Sturz in den Abgrund erscheint«. Es sind eben diese ersten Wettrennen, wie das Rennen Paris–Rouen von 1894, das Paris–Bordeaux–Paris von 1895 und 1898 das Rennen Paris–Amsterdam–Paris, denen sich die rasche Verbreitung des Autos in allen Ländern Europas und damit auch sein Erfolg als Fahrzeug für Entdeckungs- und Vergnügungsreisen verdankt. Schon 1903 prophezeite Bierbaum, daß das Automobil, sobald es aufhören würde, nur ein Sport zu sein, Bedeutung für die Kunst des Reisens erlangen würde. Die unüberwindliche Schranke der Pyrenäen zum Beispiel, die den Tourismus der Belle Epoque von den pittoresken Landschaften im geheimnisvollen Herzen Spaniens trennt, das Richard Ford mit seinen Reiseführern und David Roberts mit seinen Aquarellen soeben ein wenig enthüllt hatten, wird erst nach dem mörderischen Autorennen Paris-Madrid von 1903 überwunden.

Auch wenn man all jene nicht berücksichtigt, die aus der Geschwindigkeit und dem Auto die wesentlichen Elemente ihres künstlerischen und literarischen Credos gemacht haben – »Wir behaupten, daß die Herrlichkeit der Welt um eine neue Art von Schönheit bereichert wurde: die Schönheit der Geschwindigkeit«, heißt es im *Manifest des Futurismus* von 1909 –, kann man nicht übersehen, daß sogar ein so seßhafter Autor wie James Joyce schon 1904 vom Auto spricht. Es taucht bei ihm in der ironischen Schilderung eines internationalen Autorennens auf, das dröhnend in die abgeschiedene, mißtrauische grüne Insel einfällt: »Wie Geschosse rasten die Autos durch die Fahrrinne der Naas Road auf Dublin zu. Auf dem Gipfel des Hügels von Inchicore hatten sich Gruppen von Zuschauern versammelt, um dem Vorbeirasen der Autos zuzusehen: Durch diesen Kanal des Elends und der Trägheit fuhren der Reichtum und die Industrie des Kontinents.« Und mit einer genaueren Beschreibung des Anblicks der Wagen fährt er fort: »Und wie flüssig sie fuhren! Und wie stilvoll sie mit Höchstgeschwindigkeit durch die Straßen brausten! Die Reise legte einen Zauberfinger auf den wirklichen Puls des Lebens, und mutig versuchte der Mechanismus des menschlichen Nervensystems mit den ungestümen Sprüngen des schnellen, blauen Tieres mitzuhalten.« Ein interessantes Zitat, nicht nur wegen des Hinweises auf die im Inneren des Autos verborgene Tierhaftigkeit, sondern auch wegen der zwiespältigen mechanistischen Darstellung menschlicher Reaktionsweisen und der entsprechenden Wechselbeziehung zwischen zwei so unterschiedlichen Welten. Drei Jahre später, 1907, singt Octave Mirbeau eine derart enthusiastische und irrationale Hymne auf den Mythos der Geschwindigkeit, daß hier bereits Anklänge an den ästhetischen Kanon der Futuristen zu erkennen sind. Der Mensch erscheint ihm von Raserei ergriffen. Sein Gehirn ist eine Rennstrecke, über die Gedanken, Bilder, Empfindungen mit hundert Stundenkilometern hinwegrasen. Hundert Stundenkilometer sind das Normalmaß seiner Aktivität. Er tritt auf wie ein Rennwagen, liebt wie ein Rennwagen, lebt wie ein Rennwagen. Überall stürzt das Leben vorwärts, rast weiter, von einem irren Gefühl wie von einer Kavallerieattacke angetrieben, und verschwindet wie Filmbilder, wie die Bäume, Büsche, Mauern, Gestalten, die die Straße säumen... Alles um ihn herum und in ihm tanzt, galoppiert, ist in Bewegung, in einer umgekehrten Bewegung zu seiner eigenen. Ein schmerzhaftes Gefühl, manchmal, aber stark, phantastisch und berauschend wie ein Schwindel, wie Fieber.

Die Aufregung Mirbeaus, die von vielen Schriftstellern geteilt und oft erzählt wird, scheint aus der Geschwindigkeit ein besonderes Mittel erzählerischer Verführungskünste zu machen, die auf der gewaltsamen Freisetzung von Energien, auf einem Ausbruch aggressiver Instinkte, auf einer dynamischen Wahrnehmung der Welt, auf einem verzweifelt zur Geschwindigkeit und zum Tod tendierenden Leben beruhen. Etwa zwei Jahre früher hatte Morasso das Auto in einer mythischen und irrationalistischen Sichtweise gepriesen, die zu

»Die Staub-Schurken«. Karikatur der *antimotoring press* in England, um 1902

Mirbeaus Hymne paßt: »Die Geschwindigkeitsmaschine ist wie die Ampulle mit der Droge, allein schon ihr Anblick versetzt uns in einen Zustand begieriger Verzückung, sie ist die freie Bahn zum Traum.« Obwohl mitunter recht eindrucksvoll und stimulierend geschrieben, führt dieser Umgang mit dem neuen Fortbewegungsmittel in seiner weiteren Entwicklung zu eher bescheidenen und literarisch unbedeutenden Resultaten. Von all jenen, die die Geschwindigkeit verherrlichen, fragt sich nur Morasso nach den Veränderungen, die seiner Meinung nach zwangsläufig in der zeitgenössischen Literatur stattfinden müssen, da Romanautoren und Erzähler schon bald gezwungen sein würden, ihre würdevolle bis schwülstige Terminologie gründlich umzuwandeln. Das gesamte Arsenal an Sätzen und Kenntnissen, mit denen sie den Leser gewöhnlich zu beeindrucken pflegten, würden sie erneuern müssen, und sie müßten sich beeilen, wenn sie nicht wie fossile Überbleibsel aus einem anderen Zeitalter erscheinen wollten. Das gleiche gilt für die Dichtung und die bildenden Künste. Mit ironischer Geste werden die geläufigen sprachlichen Bilder des Dichters aufgezählt, wenn er den Mann besingt, der Steine haut, der pflügt, der das Mehl einrührt, der Oliven auspreßt, den Bogenschützen, der den Bogen spannt, den Ackersmann, der die Rinder führt, die Frau, die eine Garnwinde abspult. Nicht anders Maler und Bildhauer, die den Mann darstellen, der seine Herde weidet, der fischt, der am Amboß steht, der das Pferd beschlägt. Dieser Welt eines selbstvergessenen Arkadien, die sich von der Römischen Schule des ausgehenden 19. Jahrhunderts bis zum Naturalismus von Adolfo De Carolis hinzieht, stellt Morasso den Helden gegenüber, der in seiner schrecklichen Maschine den Tod herausfordert, das Genie, das die neue Energie in die Welt bringt. Morasso wagt schließlich den interessanten Vergleich zwischen der Poetik der europäischen Dekadenz – mit ausdrücklichem Bezug auf Baudelaire – und der neuen Ästhetik der Geschwindigkeit: »Einst hat der Dichter das wunderbare Paradies des Opiums und des Haschisch beschrieben, versuchen wir heute, den geheimnisvollen Olymp zu enthüllen, auf den der moderne Mensch nicht mehr mit schädlichen Giften gelangt, sondern durch die stärkende Verherrlichung seiner eigenen Fähigkeit zur Beschleunigung.« Damit verleiht er der Geschwindigkeit eine therapeutische Funktion neben der einer sublimen poetischen Inspirationsquelle.

Erst nachdem er sich wenigstens zum Teil vom verführerischen Mythos des »irren Fluges« befreit hat, beginnt der mit dem Auto Reisende allmählich, die vom fahrenden Wagen hervorgerufenen visuellen Effekte zu analysieren. Zunächst geschieht das auf zwar anrührende, aber eher summarische Weise, wie bei Madini, der uns 1906 von der Unmöglichkeit erzählt, die Gegenden, durch die man fährt, alte Bauernhöfe, Monumente, Kirchen aus dem 15. Jahrhundert und Gedenktafeln auf Mauern gründlich und gelassen zu studieren. Heute, fährt er fort, können wir das alles nur noch in einer erstaunlichen Synthese aus sich überstürzenden, schwindelerregenden, phantastischen Anblicken zusammenfassen. Später schenkt der Autofahrer den Wirkungen der Geschwindigkeit auf die Sinneswahrnehmung, vor allem auf den Sehsinn, mehr Aufmerksamkeit. So erzählt Yates: »Ein Auto schien uns wie im Flug entgegenzukommen. Schließlich erkannte ich, daß es in der gleichen Richtung fuhr wie wir: Ein farbiger Pinselstrich, ein Stoß, als flatterte eine Zeltwand, und wir waren an ihm vorbeigefahren.«

Inzwischen ist das Zeitalter der erzählten Geschwindigkeit angebrochen, der Geschwindigkeit, die nicht nur als meßbarer Wert oder als absoluter Mythos verstanden wird, sondern als Anpassung unseres Wahrnehmungsapparates und als Entstehung einer direkten Beziehung zwischen der Geschwindigkeit des Fahrzeugs und der Schnelligkeit des Denkens. Am Ursprung dieser neuen Form der Beschreibung steht der berühmte Essay von Thomas De Quincey, *The English Mail-Coach*, der, wie Calvino sagte, im Jahre 1849 schon alles vorausahnt, was wir heute über die Welt der Motorisierung und der Autobahnen wissen, einschließlich der tödlichen Zusammenstöße bei hoher Geschwindigkeit. In dem Moment, da die gewaltige Kutsche, deren Kutscher eingeschlafen ist, und die leichte Kalesche aus Weidenholz, die aus der Gegenrichtung kommt, aufeinander zu prallen scheinen, gelingt es De Quincey, uns die Wahrnehmung eines Zeitraums zu beschreiben, der in extremer Kürze das Ereignis selbst und die Berechnung seiner Unausweichlichkeit, einschließlich des hypothetischen göttlichen Eingreifens enthält: »Ein Lidschlag, ein Gedanke, ein Engelsflügel: Was war schnell genug, in den Raum zwischen der Frage und der Antwort zu schlüpfen, um beide voneinander zu trennen? Schneller findet auch das Licht seinen Weg nicht als die gewaltige Fahrt, mit der wir auf die Kalesche zurasten, die sich zu retten versuchte.«

Dornford Yates spielt an einer Stelle seiner Beschreibung der von der Geschwindigkeit hervorgerufenen visuellen Effekte ausdrücklich auf die rasend schnell vergehende Zeit an, wenn nämlich ein Pünktchen auf dem Randstreifen der Straße mit unglaublicher Schnelligkeit zu einem Bauernkarren wird, der eine Sekunde lang in seiner natürlichen Größe vor uns aufragt und dann wieder verschwindet; oder wenn ein Fleck in der Ferne auf uns zuspringt und dabei die Form einer Kutsche von gewaltigen Ausmaßen annimmt, einen Moment lang schwankt, als wollte sie uns begegnen, und sich dann im Raum auflöst. Ein Puppenhaus neben der Straße wird größer und größer, bis es eine Villa ... ein Schloß wird ... Die Zukunft stürzt auf die Gegenwart, um sich von der Vergangenheit verschlingen zu lassen.

Von Luigi Pirandello wird das Spektrum der Analogien zwischen der Fahrgeschwindigkeit, der Schnelligkeit des Denkens und dem unausweichlichen Vergehen der Zeit noch bereichert. Außerdem führt er einen neuen, anregenden Aspekt in unsere Untersuchung ein. Die Geschwindigkeit erscheint ihm als etwas, das den Austausch zwischen Realität und Fiktion begünstigt, oder zumindest aus der Realität jene Eigenschaften entnimmt, die sie in eine Fiktion ihrer selbst verwandeln. Es ist, als ob Pirandello die flüchtigen Hinweise von Mirbeau und anderen Autofahrern auf die Wahrnehmungsweise der Welt in beweglichen Filmbildern, zu der die Schnelligkeit des Autos anregt, aufgenommen und weiterentwickelt hätte. Um diese Wirkung geht es in *Si gira* von 1915, das später den Titel *Die Aufzeichnungen des Kameramannes Serafino Gubbio* erhält, den Tagebüchern eines Maschinenmenschen, der sich ganz und gar mit dem Kameraauge identifiziert. Zu Beginn beschreibt eine Stelle jenes Gefühl, das entsteht, wenn man mit dem Auto eine kleine Kalesche wie bei De Quincey überholt. Es handelt sich um einen visuellen Eindruck, der – wie wir gerade eben gesehen haben – in der Autoliteratur sehr oft beschrieben wird. Doch bei Pirandello spürt man sofort, daß sein Interesse nicht von einem ungewohnten Wahrnehmungsphänomen geweckt wurde, sondern davon, daß sich dieses durch fortwährende Verschiebung des Blickwinkels unmittelbar in einen literarischen Kunstgriff umsetzen läßt: »Ein kleines Ausweichmanöver. Da vorne fährt eine Pferdekutsche. ›Tüt, tüüüüüüüt, tüüt!‹ Was ist denn das? Die Autohupe saugt die Kutsche rückwärts? Ja wirklich! Es sieht fast so aus, als ließe die Hupe sie rückwärts fahren, das ist doch zu komisch!« Dieses letzte Wort ist typisch für den Blick Pirandellos, der alles so betrachtet, als geschähe es in der Welt der Komödien. Der Abschnitt entwickelt diese Wahrnehmung dann weiter, indem sie mit einer Reihe von geläufigen Bemerkungen über die motorisierten Fahrzeuge und ihre Verbrennungstechnik verwoben wird, bis hin zum abschließenden Blick, der sich allmählich wieder auf eine prosaische, im Spiel der Fiktionen gefangene Realität richtet:

> Die drei Damen im Automobil lachen, drehen sich um, heben die Arme zu einem lebhaften Gruß zwischen einem fröhlichen Durcheinanderflattern bunter Schleier; und die arme kleine Kutsche bleibt, in eine trockene, erstickende Wolke aus Staub und Rauch gehüllt, immer weiter zurück, so sehr der müde Klepper sich auch bemüht, sie in seinem unlustigen Trott vorwärts zu ziehen, zurück mit den Häusern, den Bäumen, den seltenen Fußgängern, bis sie schließlich ganz am Ende der langen Landstraße verschwindet. Sie verschwindet? Aber nein, keine Spur! Das Auto ist verschwunden. Die Kutsche hingegen ist noch da, hier ist sie ja, und sie fährt immer noch vorwärts, ganz langsam eben, im eintönigen Trott des dürren Pferdchens. Und mit ihm scheint die ganze Landstraße dahinzuziehen, ganz gemächlich.

Im letzten Teil ist die Stelle von einer erregten, vitalistischen Haltung gegenüber dem Autofahren gekennzeichnet. Ironisch betont der Autor das künstliche Moment, um schließlich als Gegensatz die langsame, realistische Betrachtung der

Landschaft, die die gemächliche Fahrt der Kutsche ermöglicht, zu beschreiben:

> Ach, ihr habt die Maschinen erfunden? Na, dann genießt doch solche und ähnliche Empfindungen eines leichtfertigen Schwindelgefühls. Die drei Damen im Automobil sind drei Schauspielerinnen des *Kosmograph* und sie haben die Kutsche, die von ihrer mechanisierten Eilfahrt rückwärts geschleift wurde, nicht etwa deshalb gegrüßt, weil jemand drinnen säße, der ihnen sehr teuer wäre; sondern deshalb, weil das Automobil, weil die Mechanik sie berauscht und in ihnen eine so übermütige Lebensfreude auslöst. Sie steht ihnen zu Gebote: Gratisbeförderung. Zahlt alles der *Kosmograph*. In der Kutsche sitze ich. Sie haben mich im Handumdrehen verschwinden gesehen, in einem grotesken Rückwärtslauf, bis ans Ende der Landstraße; sie haben über mich gelacht, jetzt sind sie schon am Ziel. Aber ich fahre jetzt auch wieder vorwärts, meine Lieben. Schön langsam, zugegeben; aber was habt ihr schon gesehen? Eine Kutsche rückwärts fahren, als würde sie an einem Faden zurückgezogen; und die ganze Straße sich wie ein Pfeil in einem langen, undeutlichen, gewalttätigen und schwindelerregenden Strich vorwärtsfressen, in die Landschaft hinein. Ich hier dagegen kann mich über meine langsame Fahrt hinwegtrösten, indem ich in aller Ruhe die großen, grünen Platanen am Straßenrand betrachte, eine nach der anderen, nicht vorübergerissen wie von eurer Hast, sondern fest in der Erde wurzelnd, wie sie auf einen Luftzug hin violettgetönte, kühle Schatten in das Gold der Sonne zwischen den dichten Ästen werfen; Giganten der Straße, alle in einer Reihe, öffnen sie ihre riesigen, pulsierenden Kronen und recken sie mit starken Armen dem Himmel entgegen.

Für Pirandello tötet die Geschwindigkeit also die Landschaft, vernichtet sie. Über die dynamische Wahrnehmung der Welt außerhalb des fahrenden Autos werden, beginnend mit Marcel Proust, tatsächlich viele interessante und vielfältige Beobachtungen angestellt, von denen später die Rede sein wird. Doch niemand hat die Verfremdungseffekte, die die Geschwindigkeit erzeugt, so präzise und scharfsinnig erfaßt wie der sizilianische Bühnenautor. Vor allem im postfuturistischen Italien mußte ein derart ironischer Umgang mit der Geschwindigkeit, eine derart komische Umkehrung des dionysischen Mythos von der mitreißenden, schnellen Fahrt zwangsläufig wohltuend und innovativ erscheinen.

Die Verbindung zwischen der Geschwindigkeit des Autos und der Idee des Künstlichen ist Thema eines Textes von Ilja Ehrenburg aus dem Jahre 1929. Der russische Autor erinnert sich, daß er das neue mechanische Fahrzeug nicht auf den Straßen von Paris, sondern im magischen, geheimnisvollen Dunkel eines Kinosaals beim asthmatischen Rasseln des Projektors entdeckt hat. Was er dort plötzlich im hellblauen Lichtkegel Gestalt annehmen sieht, ist ein Automobil, das rasch quer über die Leinwand fährt, ein Wagen, in dem das gesamte Kinopublikum und er selbst auf eine Fahrt mitgenommen werden, von der keiner weiß, wohin sie geht. Jetzt sieht er Büsche jäh aufblitzend auf sich zuspringen und wird von Staubwolken belästigt. Obwohl die Luft im Saal erstickend ist, spürt er die eiskalte Ohrfeige des Fahrtwindes auf seinem Gesicht und hat seine Zuschauerrolle so vollkommen vergessen, daß er mitten in der Zuschauermenge aufgeregt aufspringt, woraufhin die anderen rufen: »Was glaubst du denn, wo du bist? Setz, dich wieder hin ...« Ein Wunderding wie das Automobil konnte nur von einem anderen, soeben entstandenen Wunder des Jahrhunderts erzählt werden: dem Kino.

Der alte Geist der Kutsche ist wie ein Schutzgott, der die besonders neugierigen, gleichzeitig aber vorsichtigen Reisenden vor dem Rausch der Geschwindigkeit warnt. Neben der lärmenden Schar derer, die in jedem Winkel Europas Geschwindigkeits- und Streckenrekorde brechen – schon am 1. Mai 1899 hatte der belgische Fahrer Camille Jenatzy mit dem Auto hundert Stundenkilometer erreicht –, bildet sich eine zurückhaltendere und bescheidenere Gruppe von Weltenbummlern heraus, die das Auto zu einem neuen Mittel der Kommunikation mit der Kultur und der Landschaft und, besonders in Europa, zu einem Werkzeug künstlerischer, topographischer und landschaftlicher Erkenntnisse machen. Der Geschichte der Geschwindigkeitsrekorde auf den Rennen von einer europäischen Stadt zur anderen oder den Berichten darüber, wie das ›mechanische Ungeheuer‹ Schranken überwand, die bis dahin unberührte Gegenden in anderen Kontinenten schützten, könnten wir die Geschichte der ersten Reisen mit dem neuen Fortbewegungsmittel zum Zwecke kunstwissenschaftlicher oder anthropologischer Erforschung eines Landes gegenüberstellen. Natürlich wäre es unmöglich, den Beginn dieser Tradition genau zu datieren. Es gibt jedoch Ereignisse, die wegen ihrer Folgen erwähnenswert sind. Als zum Beispiel die amerikanische Schriftstellerin Edith Wharton 1904 in Paris ihr erstes Auto kauft, einen Panhard-Levassor, ist das nicht nur eine private Aktion. Sie bietet damit nämlich einer ganzen Schar illustrer Freunde von Henry James über Vernon Lee, Charles Du Bos, Paul Bourget, Walter Berry und Percy Lubbock bis zu Bernard Berenson die Gelegenheit, mit ihr gemeinsam Europa gründlich zu durchforschen. Das vortreffliche Reisebuch *A Motor-Flight through France*, 1909 erschienen, ist das erste, unmittelbare Ergebnis und eine Art motorisierte Antwort

Zeitungsanzeige, 1904

auf den *Short trip through France* von Henry James mit Illustrationen von Joseph Pennell aus dem Jahre 1900. Ein hervorragender amerikanischer Schriftsteller und erfahrener Kunstkenner, Dan Fellows Platt, verfaßt 1909 ein außergewöhnliches Portrait über das Italien der Museen, Kirchen und Galerien, das er »with car and camera« kreuz und quer befahren hat. Von diesem Buch soll später noch ausführlicher die Rede sein.

Der wahrscheinlich erste vielgelesene Bericht über eine Reise auf den Straßen Europas stammt von Otto Julius Bierbaum. Schon der Titel seines 1903 erschienenen Buches *Eine empfindsame Reise im Automobil von Berlin nach Sorrento* läßt nicht zufällig an Sterne und Heine denken. Bei seiner Beschreibung der Reise, die er ein Jahr zuvor mit einem Adler vom Typ »Phaiton« mit 8 Pferdestärken unternommen hatte, legt Bierbaum den Akzent auf Orte und Landschaften, auf

Personen und die Abenteuer der Reise. Gleichzeitig stellt er jedoch auch eine Reihe ausführlicher Betrachtungen über das neue Transportmittel an, über den besten und dem Fahrzeug angemessensten Gebrauch und die Unterschiede zu anderen Fortbewegungsmitteln. In dieser Hinsicht ist er der erste, der eine falsche, allzu schwärmerische Auffassung vom Auto als Symbol für Geschwindigkeit und Herausforderung der Naturgesetze offen brandmarkt, indem er es respektvoll und durchaus poetisch zur alten Postkutsche in Beziehung setzt:

> Ihr, die ihr im Automobil das schnaubende Ungeheuer der Straße seht, die knallende Klapperkiste; ihr, die ihr die schlimmsten Gerüchte und Ammenmärchen über es verbreitet; ihr, die ihr Pferde erschreckt, die Kutscher zur Weißglut treibt, Hühner, Hunde und Gänse tötet; ihr, die ihr im Automobil einen Moloch auf Pneus erblickt, der Straßenkilometer frißt, um sie in Form von benzingetränkten Staubwolken wieder auszuspucken; ihr, die ihr das Auto für die Verkörperung der Modernität haltet, das heißt, des Wahns, zu rasen, sich abschüssige Wege hinunterzustürzen ... ihr kennt es in Wahrheit überhaupt nicht. Der Wert des Automobils besteht nicht darin, die Eisenbahn an Geschwindigkeit zu übertreffen, nicht darin, sportliche Rekorde aufzustellen. Der Wert des Autos ist Freiheit, Aufmerksamkeit, Selbstdisziplin, Vergnügen. In ihm erwacht, unendlich bereichert und in seiner ganzen Fülle, der Geist der Kutsche zu neuem Leben.

Es fällt schwer, hinter den Worten des ironischen und sentimentalen Touristen Bierbaum, hinter seinen hinreißenden Anaphern sein wahres Alter ego, nämlich den Romanautor zu erkennen, der sich von D'Annunzios Dämon der Geschwindigkeit verführen läßt, den er hier so eindringlich verurteilt. Doch lesen wir, wie Bierbaum die Empfindungen seines Romanhelden beschreibt, der eilig mit dem Auto von Deutschland nach Italien fährt, wobei er ganz andere Ziele als die des sentimentalen Reisenden im Auge hat:

> Er dachte an nichts, empfand nichts, außer jener enormen Wollust, auf den Rädern fast zu fliegen. Ihn ergriff der wildeste Rausch der Geschwindigkeit, dieses Geschenk des jungen zwanzigsten Jahrhunderts an den westlichen Menschen, diese Gabe, die ihn auf noch größere Ekstasen, Triumphe und Freiheiten vorbereiten will. Es war, als wohnte seine eigene Seele in diesem Motor, der von Explosionen lebte. Er vernahm das Kreischen der breiten Pneus, die in den Boden einsanken, als wollten sie Anlauf nehmen, ähnlich wie die elastische Bewegung der Sohlen unter seinen Schuhen. In den vier Geschwindigkeiten des Motors spürte er seinen eigenen Lebensrhythmus, und er lauschte ihm mit einem ehrfürchtigen Schauer wie einer Offenbarung der verläßlichsten Regelmäßigkeit.

Bei näherer Betrachtung erlauben uns die beiden Zitate gerade wegen ihrer Gegensätzlichkeit, die charakteristischen Grenzen der Reiseliteratur mit ihrer Hauptfigur, dem Auto als Nachfolger der Kutsche, abzustecken und sie von der Romanfiktion zu unterscheiden, an der sich in jenen Jahren Schriftsteller wie Mirbeau, Maeterlinck und D'Annunzio begeistert versuchten.

Die lebendigsten und eindrucksvollsten Texte über die Reisekutschen – die sich von den gewöhnlichen Freizeitkutschen unterschieden – wurden geschrieben, als deren Ende unmittelbar bevorstand. Ruskin erinnert sich stolz und wehmütig an die ebenso aufregende wie mühsame Wahl der Kutsche, die er gewöhnlich vor jeder Reise auf den Kontinent gemeinsam mit dem Vater traf, während sich zur gleichen Zeit schon die Vorrangstellung der Eisenbahn abzeichnete und die organisierten Reisen von Thomas Cook weite Verbreitung fanden. Die Reisenden, die ein solches Angebot nutzten, wurden als armselige Sklaven und moderne Tölpel bezeichnet, die sich wie Vieh oder Bauholz durch die bereisten Länder schleifen lassen und nicht die geringste Vorstellung von den vielfältigen Freuden und phantasievollen Erwartungen haben, die mit der Auswahl und Vorbereitung einer Reisekutsche aus vergangenen Zeiten verbunden waren.

Die ersten Autoreisenden gestatteten sich ebenfalls Vorwegnahmen ihrer Reise in der Phantasie, wie Bierbaum erzählt, der einen Verbündeten seiner Reiseträume in einem Gespräch daran erinnert, wie sie sich auf ihren gemeinsamen Spaziergängen im Park von Nymphenburg in München die Autoreise vorstellten, die sie nach Spanien bringen sollte, und wie sie so getan hatten, als seien sie mit den Straßen, über die man hätte fahren müssen, vollkommen vertraut, und wie sie sich das Auto vorgestellt hatten, das sie mal mit der Geschwindigkeit eines Expreßzuges, mal mit der einer Postkutsche hätte transportieren sollen. Was Bierbaum sich vorstellte, war ein komplettes Heim auf Reifen, ausgestattet mit allen Bequemlichkeiten eines Pullman-Eisenbahnwagens, ja, vielleicht sogar noch bequemer und geräumiger. Sein Gesprächspartner tat so, als glaubte er daran und bestärkte ihn noch, so daß sie schließlich träumten, auch noch ein Paar

Werbeanzeige von Giovanni Carpanetto, 1899

»niedliche Kanonen« und eine komplette Kücheneinrichtung auf die Reise mitzunehmen. Hierzu fallen einem die mit allem nur erdenklichen Luxus ausgestatteten, märchenhaften Kutschen von Lady Blessington und Lord Byron ein. Das motorisierte Fahrzeug sollte für Bierbaum von Mal zu Mal zu einem Badezimmer, einer Dunkelkammer, einem Schlafzimmer oder einem Billardsalon werden, ohne deswegen darauf zu verzichten, über Abgründe zu springen, Seen zu überqueren und durch Sümpfe zu waten. Am Ende schließt Bierbaum, als ob er aus einem Traum erwachte: »Kein Wunder, daß wir dieses Universalfahrzeug nirgends auf Lager fanden und infolgedessen zu der Überzeugung kamen, die Welt sei für unsere Kulturbedürfnisse noch nicht reif.« Doch genau das sollte sie innerhalb kurzer Zeit werden, bedenkt man, wie erfolgreich die *Camper* und *Caravans* zunächst in einem Land mit so großer Mobilität wie den Vereinigten Staaten und dann in Europa wurden. Schließlich beschreibt Bierbaum uns mit liebenswerter Genauigkeit seinen Adler mit 8 Pferdestärken, in »einem Rot aus der Biedermeierzeit«, das Auto, mit dem er dann tatsächlich 1903 seine lange Bildungs- und Vergnügungsreise von Berlin nach Sorrent unternehmen sollte. Das Fahrzeug, das der deutsche Schriftsteller uns vorstellt, liebäugelt – so drückt er sich aus – nicht mehr mit der Idee der Kutsche, von der es abstammt, deren Tradition es erneuert und deren Geist es in gewisser Hinsicht nachzuahmen versucht. Die Form des Autos entwickelt sich mittlerweile selbständig weiter, stellt eine organische Beziehung zwischen den mechanischen Teilen und dem Fahrgestell her und befriedigt gleichermaßen Bedürfnisse nach Bequemlichkeit, Funktionalität und praktischem Nutzen, Eigenschaften, die für lange Reisen von entscheidender Bedeutung sind.

Tatsächlich sahen die ersten Automobile aus wie Kutschen, die statt mit Pferden mit einem Motor ausgerüstet waren: Betrachtet man heute diese archaischen Modelle, scheint es, als wären die Pferde gerade eben aus der Deichsel gespannt und an ihrer Stelle eine bewegliche Stange eingebaut worden. Der im Kofferraum untergebrachte Motor drehte die Hinterachse vermittels eines Keilriemens oder einer Kette. Im Jahre 1891 revolutionierten Panhard und Levassor dann die Bauweise des Fahrzeugs, indem sie den Motor aus dem Kofferraum oder dem Raum unter den Sitzen herausnahmen und senkrecht auf dem vorderen Teil des Fahrgestells plazierten. Damit war die Schuld gegenüber der Vergangenheit beglichen. Der neue Platz für den Motor besiegelt die endgültige Überwindung der Idee der Kutsche. Von diesem Moment an beginnt die schnelle Weiterentwicklung des Autos. 1901 baut Ettore Bugatti den ersten Wagen mit einem sehr tief liegenden Schwerpunkt, einem weit nach hinten verlegten Fahrersitz und einem im Winkel von 35 Grad geneigten Steuerrad. Von der Kutsche leiten sich jedoch weiterhin manche der symbolischen Formen und Funktionen des neuen Fahrzeugs her, beginnend mit dem Chauffeur, der wie der Kutscher, statt der Zügel, zunächst den Steuerhebel, dann das Steuerrad zwischen den Händen hält. Auch als die Autos eine funktionellere Physiognomie erhalten, übt die Kutsche noch immer auf verschiedene Weise ihren Einfluß aus. In den ersten geschlossenen Autos zum Beispiel bleibt der Chauffeur außerhalb des Verdecks den Unbilden des Wetters ausgesetzt und wird wie sein nicht allzu ferner Vorfahre von Wind und Regen gepeitscht.

Lesen wir nun die detaillierte Beschreibung mit ihren liebenswert vorsichtigen, versuchenden Tönen, die Bierbaum uns unmittelbar vor seiner Abfahrt nach Italien gibt:

> Doch nun wird es Zeit, Ihnen den Wagen selbst zu schildern. Stellen Sie sich mit mir dorthin, wo die Pferde stehen würden, wenn es ein gemeiner Zieh- und kein Laufwagen wäre (auf dieses Wort habe ich Markenschutz genommen), so werden Sie finden, daß das Dach sich sehr hübsch nach hinten aufbaut, in Form eines Keiles gewissermaßen. Die Spitze des Keiles bildet der Klappdeckel des Motors, dann kommt der Bock mit dem Lenkrad und den Einrichtungen zum Einstellen der drei Geschwindigkeiten und zum Bremsen, und schließlich, in gleicher Höhe mit dem Bock, aber die Lehne mit dem Verdeck etwas erhöht, der Doppelsitz für meine Frau und mich. Nun bitte ich Sie, mit nach hinten zu kommen. Was Sie da sehen, dieses Stahlgestänge mit Riemen, ist bestimmt, einen großen Koffer zu halten. Dafür war eigentlich nichts Ordentliches da, denn das dafür bestimmte Brettchen hätte kaum genügt, den Hutschachteln meiner Frau zur Unterlage zu dienen. Man denkt eben im allgemeinen beim Bau der Laufwagen noch nicht an die Bedürfnisse größerer Reisen. So waren wir auch genötigt, den Sitz neben dem Fahrer zur Aufnahme weiterer Koffer adaptieren zu lassen. Das Verdeck ist, wie Sie sehen, auch nicht eben reisemäßig. Es schützt zwar gegen Nässe von oben, von den Seiten und von hinten, – aber wenn der Regen rücksichtslos genug ist, von vorne zu kommen (was bei der ›dritten Geschwin-

digkeit‹ die Regel sein dürfte), so werden wir ihm auf Gnade und Ungnade ausgeliefert sein. – Werden wir? Nein, wir werden nicht! Denn, sehen Sie sich, bitte, dieses Lederpaket an! Es ist eine ingeniös erfundene Vorderplane mit zwei Guckfenstern. Diese werden wir uns vorknöpfen, wenn das Wetter grob wird. – Und wenn die Sonne es gut meint? Dann, mein Herr, bleibt vom Regendach nur der obere Teil und das Gestänge übrig, während die anderen Bestandteile hinaufgerollt werden. Sie sehen, wir Sybariten haben an alles gedacht. Nur ein Schutzglas gegen den Luftzug haben wir nicht, weil man uns gesagt hat, es habe allerlei Nachteile, klappere gerne und sei alle Augenblicke voll Staub.

Ganz den Gepflogenheiten der Italienreisenden vergangener Zeiten folgend, zählt Bierbaum dann die Kleidungs- und Gepäckstücke auf, mit denen er seinen Adler bepackt. So erfahren wir, was als ideale Ausrüstung eines Paares galt, das sich auf eine dreimonatige Europareise im Automobil vorbereitete. Unverzichtbar sind mehrere leichte Regenmäntel, die vor Regen und Staub schützen sollen. Nötig ist für beide sportliche Bekleidung. Rock und Jacke für sie, Joppe und Pumphosen für ihn, außerdem ein Anzug aus weißem Leinen für ihn und für sie ein Kleid aus Rohseide, hohe Stiefel für beide und sechs Mützen aus braunem Leder. Bierbaum fügt hinzu, er habe auch berücksichtigt, daß man am Brenner kalten Temperaturen und unmittelbar danach einem warmen Klima ausgesetzt sei. Dementsprechend habe er außer Unterwäsche und Reise- sowie Abendkleidung auch noch Wintermäntel mitgenommen. Für seine Frau eine große Umhängetasche, ein Handkoffer für persönliche Gegenstände bei kurzen Aufenthalten, ein Koffer für die Toilette, ein Korb für Lebensmittel, Teller und Besteck, ein Sack für die Schirme und den Stock, eine Gummibadewanne und drei Reisedecken vervollständigen die Zusammenstellung der Gepäckstücke. Natürlich prägt das Auto schon bald die weibliche Mode, die sich den neuen Bedürfnissen nach Zweckmäßigkeit rasch anpaßt. Ein häufig benutztes Kleidungsstück ist der Überzieher aus Mohair, Leinen oder Taft, der bis auf die Knöchel reicht und zum Schutz der eigentlichen Kleidung vor Staub und Witterungseinflüssen dient. Er kann einreihig oder zweireihig geknöpft sein, hat einen großen, hochstellbaren Kragen, der auch abgeknöpft werden kann, außerdem Manschetten gegen den Wind. Natürlich fehlt es auch nicht an verschiedenen Pelzmänteln für die weiblichen Automobilisten. Der Fahrtwind zwingt alsbald zum Tragen eines eng anliegenden Topfhütchens, das die in Schleier eingeschlagenen Hüte mit breiter Krempe, vor allem aber den Chiffonschal ablöst, der bekanntlich Isadora Duncan im Auto das Leben kostete. Allen gemeinsam ist in dieser frühen Lebensphase des Autos das Ankleideritual vor der Abfahrt, die unverzichtbare Handlung des Sich-Ausstaffierens.

Weit weniger detailliert ist die Beschreibung des Autos, die uns Eugène Demolder vorlegt, als er 1905 nach Spanien aufbricht. Er legt die Betonung nicht zufällig auf die metaphorischen Eigenschaften seines Gefährts. Es besitzt »die Fügsamkeit eines Hundes, der die Peitsche geschmeckt hat, die Wendigkeit einer Schlange, die Schnelligkeit des Blitzes«. Außerdem betont er die mechanischen Veränderungen, die vorgenommen wurden, um das Auto für eine Reise geeignet zu machen, die alle Merkmale einer Forschungsexpedition trägt. So teilt er uns mit, der Konstrukteur habe es eigens für eine Reise nach Spanien vorbereitet – und die Straßen dort unten seien das Schlimmste, was man sich vorstellen könne –, indem er die Stoßdämpfer verstärkt habe. In der Mancha und in Estremadura sei man den fürchterlichsten Stößen ausgesetzt, fährt Demolder fort, und das französische Straßenpflaster zur Zeit Louis XIV. oder die unebenen Straßen Flanderns seien dagegen Wege im Paradies, Samt und Seide im Vergleich. Dann erzählt er uns, daß das Auto im Inneren bequem, heiter, hell und gut gepolstert sei: ein richtiger kleiner Salon. Es handelt sich um einen geschlossenen Wagen, damit man vor den Regengüssen in Kastilien und den sengenden Sonnenstrahlen in Andalusien geschützt ist. Zuletzt teilt er mit, die Fenster könnten ihn, wenn sie hochgekurbelt sind, vor der Kälte in den Hochebenen von Burgos schützen, würden sie dagegen heruntergelassen, könnten sie in der Umgebung von Sevilla einen frischen Luftzug erzeugen.

Obwohl unser Hauptinteresse nicht den sportlichen Unternehmungen oder den Wettkämpfen um irgendeinen Rekord gilt, sondern dem Typ Auto, das Morasso sarkastisch als »friedliches Arkadien der Touristen« bezeichnete, sollten wir doch an die Art und Weise erinnern, wie Barzini dem Leser das Modell Itala 907 skizziert, und zwar aus wenigstens zwei Gründen. Erstens darf man nicht vergessen, daß jene, die die Bauweise, die Funktionalität und außer dem ästhetischen Aussehen vor allem die Formen ihres Wagens beschrieben haben, fast ausschließlich Autofahrer waren, die besonders beschwerliche, harte Strecken bewältigt hatten. Zweitens sind es gerade die technischen Lösungen, die bei solchen Wagen angewendet und erprobt wurden, welche dann die serienmäßige Verbreitung förderten. Barzini stellt sich vor seinen Itala und beschreibt ihn, als wäre er eines der gewöhnlichen italienischen Autos mit 20 bis 40 Pferdestärken. Am Motor und an der Karosserie sind keine Veränderungen vorgenommen worden. Nur die Ecken des Fahrgestells und die Federn sind verstärkt, und das Auto ist auf höhere und stärkere Räder montiert worden als üblich. Um gegen das Einsinken besser gewappnet zu sein, hat man die Räder mit Reifen aus der Fabrik Pirelli in Mailand versehen, die den größtmöglichen Durchmesser haben. Es gibt zwei Vordersitze, für Borghese und den Mechaniker, und einen Rücksitz für Barzini selbst. Zu beiden Seiten seines Sitzes sind zwei lange zylindrische Benzintanks, von denen jeder 200 Liter faßt, mit Eisenringen gesichert. Hinter dem Sitz befindet sich eine vorn aufklappbare Truhe, ähnlich dem Munitionskarren eines Artilleristen, für die Werkzeuge und Ersatzteile. Auf der Truhe ruht noch ein zylindrischer Tank, der für Wasser bestimmt ist. Das Gepäck wird über der Truhe und dem Wassertank mit Seilen gesichert. Ein Öltank, der 100 Liter faßt, ist unter dem Rücksitz untergebracht und führt über ein mit einem Hahn versehenes Abflußrohr nach draußen. Ein großer Stauraum unter den Vordersitzen ist für die Wegzehrung bestimmt.

Die technische Entwicklung erhöht die Sicherheit und Bequemlichkeit der für den Tourismus bestimmten Autos, wie Paul Hamonic bemerkt, ein französischer Arzt und Verfasser eines 1915 publizierten Buches über Italien, das er »de Paris à Perouse en automobile« durchfahren hat. Nach seiner Beschreibung des Autos als ideales Fahrzeug für all jene, die trotz der Straßenverhältnisse die verstecktesten Winkel des Landes erforschen möchten, wo sich bezaubernde Kunstwerke verbergen, die mitten in die Städte gelangen und zu den Einwohnern einen weniger flüchtigen Kontakt aufnehmen möchten, als die Eisenbahnstationen es gestatten, spricht Hamonic über das geeignetste Auto für eine solche Exkursion und beschreibt es als Limousine, in der alle Reisenden einschließlich des Chauffeurs unter einem Verdeck sitzen, und wo die Gepäckstücke, die täglich zur Hand sein müssen, besonders zweckmäßig verstaut werden können. Will man länger anhalten, kann dieses kleine Fahrzeug in einer Garage, sogar einer schlecht bewachten, abgestellt werden. Man sollte kein Gepäck auf dem Dach unterbringen, da es den Wagen instabil macht. Sein Wagen hat einen besonders tief liegenden Schwerpunkt, was allzu starkes Schaukeln verhindert. Außerdem gibt es doppelte Hinterräder: Das vermittelt ein Gefühl von Sicherheit und Sparsamkeit, denn es scheint, als ob die Reifen sich nie abnutzen. Im hinteren Teil ist der Gepäckträger mit einer Art Truhe beladen, die gewiß nicht überflüssig ist. Hamonic geht schließlich dazu über, die Leistung des 45 PS starken Motors zu loben, der ihn nie enttäuscht habe, und er erinnert sich, wie er jedes Mal, wenn Fremde sich mit ihm messen wollten, die Genugtuung gehabt habe, ihnen die Qualität der französischen Wagen und die Geschicklichkeit und Kühnheit ihrer Fahrer vor Augen zu führen.

Etwa zehn Jahre später, als Robert Byron mit Freunden nach Italien und Griechenland aufbricht und Nordeuropa im Rückspiegel hinter sich läßt, hat sich die Art und Weise, ein Auto zu beschreiben, vollkommen geändert. Zum einen ist jedes Interesse an den technischen Eigenschaften des Fahrzeugs, seinen Leistungen und seiner Widerstandsfähigkeit verschwunden. Dies ist ein Zeichen dafür, daß die Straßen inzwischen bequemer zu befahren und die Wagen zuverlässiger geworden sind. Rudyard Kipling, ein leidenschaftlicher Autoliebhaber, hatte schon Jahre zuvor geschrieben, daß er gerne mit dem Auto fahre, weil es ihm zuliebe gelitten habe: Die Ängste, die Erniedrigungen, die erzwungenen Pausen, die Wutausbrüche, die Eiseskälte und die Gluthitze, das Rösten in der Sonne und die Entbehrungen, die unerwarteten Fußmärsche und das zusätzliche Gewicht eindringenden Wassers hatten im Lauf der Zeit mit dazu beigetragen, aus dem Auto ein bequemes und sicheres Transportmittel zu machen. Es gibt immer jemanden, der die Dinge erfindet, und jemand anderes, der solange wartet, bis die Erfindung perfektioniert ist, um sie dann zu kaufen. Zum anderen ist das Auto nicht mehr jenes lang ersehnte Transportmittel, das man von außen wie die Verwirklichung eines unerfüllbaren Traumes betrachtet, und in das man hineinsteigt wie in die wundersamste Zauberwelt, fremd und schützend zugleich, voller Verstecke und Ventile, Griffe und Hebel, Knöpfe und Schaltbretter. Es ist mittlerweile zu einem relativ weit verbreiteten und sicherlich zuverlässigen Transportmittel geworden, und darum verlagert sich das Interesse ganz auf die Größe und den Komfort in seinem Inneren, also darauf, wie sich das Fahrzeug in ein richtiges Haus auf Rädern verwandeln läßt. Diesem Kriterium folgt Robert Byron, als er seinen großen, schwarzen Sunbeam beschreibt, ein Wagen mit einem klaren Profil und einem langen Verdeck, das von seinem höchsten Punkt über den Türen aus abfällt. Der Gepäckraum hinten liege ziemlich niedrig, fährt Byron fort, und da es nicht genügend Platz gebe, würden die Heckscheibe und das Auspuffrohr den dritten Tag der Reise wohl nicht überleben. Rechts und links von der Motorhaube befinden sich, auf den Fußbrettern ruhend, zwei Ersatzreifen, jeder mit einem anständigen Radüberzug. Der hintere Teil ist mit Gepäck überladen und unten, vor den Augen der Polizisten und Zollbeamten verborgen, befinden sich ein Ersatztank mit dreißig Gallonen Benzin, eine Dose mit Öl, vier Ersatzfedern, etwa fünfzehn Röhren in gelben Pappschachteln und außerdem ein ständig wachsender Haufen von Stöcken, Hüten, Büchern, Zeitschriften und verschiedenen Utensilien. Im hinteren Teil liegen anstelle der Sitze, von denen die Kissen entfernt wurden, die sperrigsten Gepäckstücke: die riesige gelbe Truhe von Simon, die so aussieht, als streckten sich ein Paar Füße auf der Motorhaube aus, eine ebenso große braune von David, und eine viel bescheidenere schwarze Kiste, die dem Schriftsteller selbst gehört. Davor befinden sich die weniger pompösen Gegenstände: ein paar Körbe voller Flaschen und eine Tasche vom Typ Gladstone mit unbegrenztem Fassungsvermögen. Auf dem Vordersitz, schließt Byron, sitzen die drei Hauptfiguren der Expedition in einer Reihe nebeneinander.

Zu Beginn der dreißiger Jahre beschreibt Stefania Türr, eine begeisterte Autoreisende, wie sie ihren Wagen, »eine sehr italienische, vierzylindrige Weymann-Karosse«, für lange

Strecken ausrüstet. Er wird mit Ersatzreifen, vorderen und hinteren Stoßstangen, Reifenprofilen, Gepäckträger, einem Sonnenschutz aus tiefblauem Glas, einem Lämpchen auf dem Instrumentenbrett, Thermometer, Luftdruckmesser, Amperemeter, Tankanzeige, Rückspiegel, Gummischutz auf den Pedalen, großem, beweglichem Steuerrad und einer Servohupe ausgestattet ... Dann geht Türr dazu über, eine Reihe von Gegenständen und Vorräten aufzuzählen, die für das Leben auf vier Rädern von elementarer Wichtigkeit sind: eine elektrische Taschenlampe, ein Behälter für Flakons mit Arnikatinktur, reinem Alkohol, Ammoniak und Blutgerinnungsmittel, eine homöopathische Reiseapotheke, Gaze und sterilisiertes Verbandszeug, Schere, Sicherheitsnadeln, Pinzette, eine Thermoskanne für Kaffee, heißen Tee und frisches, kühles Wasser, zuletzt die Autokarten des Touring Club ... Hier läßt man den alten Geist der Kutschreisen wieder aufleben. In diesem Sinne hatte auch Piero Madini 1906 geschrieben, die Vorreiter und Apostel des Automobilwesens sollten niemals vergessen, sich mit allem zu versehen, womit man sich während langer Fahrpausen die Zeit vertreiben könne: eine gute Auswahl lesenswerter Bücher, Spielkarten, eine tragbare Apotheke, Konservendosen, ein Gewehr, alles je nach individuellem Geschmack und Temperament.

Nicht einmal ein Autor, der gegen das Reisen und die Autos so allergisch war wie Luciano Bianciardi, kann sich dem Zauber – oder vielleicht sollten wir sagen, seiner anschaulichen Simulation – der Wirklichkeit des Reisens mit ihren unzähligen kleinen Obliegenheiten, ihren Ritualen und dem praktischen Wissen, das sie erfordert, entziehen. An einer Stelle seines Romans *Viaggio in Barberia*, wo er von den Vorbereitungen zu seiner Reise ins Land der Berber erzählt, beschreibt er uns nämlich auf distanzierte und amüsierte Weise, wie das Gepäck in seinem Fiat 125 untergebracht wurde:

Mal sehen, wie das Beladen gemacht werden muß. Das taktische und das strategische. Die Taschen und die Koffer. Erstere hinten, in die Truhe (der Motor befindet sich, wie wir sahen, vorne). Die Koffer aufs Dach. Auf den Gepäckträger. Doch zunächst breitet man eine große Plane darauf aus, auf die Plane die Koffer, die überhängenden Zipfel werden darüber zusammengefaltet. Erst der vordere Zipfel, dann die seitlichen, dann der hintere. Diese Zipfel müssen zu zweit, im Gleichtakt manövriert werden, sonst gelingt die Falte nicht recht. Wenn der Packen fertig ist, wird er mit elastischen Seilen befestigt, jeweils vier und überkreuz. Wer wollte das jetzt noch verrücken? Auf der ganzen Reise keine besser verstaute Ladung gesehen als unsere. Allerdings verändert sich, wenn man pingelig sein will, die Aerodynamik des 125 dadurch doch stark, und es wird etwas schwieriger, den Wagen zu beherrschen.

Was könnte das Bild besser vervollständigen als folgendes Beispiel aus einem kürzlich erschienenen Text von William Least Heat-Moon, der schildert, wie er seine »selbstbewegliche Schachtel« – als eine »Immobilie auf Rädern« hatte ein Automechaniker sie bezeichnet – ausrüstet, um damit über die Nebenstraßen der Vereinigten Staaten zu fahren. »Ich hatte alles Nötige bei mir, das meiste unter die hölzerne Koje gequetscht«, beginnt der Autor und fährt dann mit einer Aufzählung seines Inventars fort:

1 Schlafsack und Decke;
1 Coleman-Eisschrank (der nichts als eine kleine Dose Leberpastete enthielt);
1 Rubbermaid-Wanne und ein Behälter aus Plastik, der eine Gallone faßt (beides bildete mein Waschbecken);
1 tragbares WC von Sears & Roebuck;
1 kleiner, weißer Gasofen Optimus 8R (kaum größer als eine große Dose Bohnen);
1 Säckchen mit Küchengeräten, ein Topf und eine Pfanne;
1 Sack der amerikanischen Marine mit Kleidung;
1 Werkzeugkiste;
1 Tasche mit Stiften und Heften und ein Kassettenrecorder mit Mikrokassetten;
2 Fotoapparate Nikon F2 35 mm und fünf Objektive;
2 Reiseführer: *Grashalme* von Whitman und *Black Elk speaks* von Neihardt.

Diese beiden Bücher finden sich nicht zufällig auf der Liste, denn die Reise, die Least Heat-Moon unternimmt, ist nicht nur ein spiralförmiger Weg ins Innere Amerikas – in die blauen Venen eines anderen, unbekannten Amerika –, sondern auch eine Reise auf den Wegen der Literaturgeschichte, deren Figuren zu all dem befragt und zitiert werden, was die Augen dieses ebenso naiven wie gewitzten Reisenden erblicken.

»Deus ex machina«

Das Lenken, die Wartung des Autos und die Betreuung der Insassen bilden einen weiteren Aspekt, der das neue Transportmittel mit dem alten verbindet. Der Chauffeur übernimmt die Rollen und Verpflichtungen, die früher der Kurier und der Kutscher innehatten. Als Fachmann für Motoren ist er in seinem gesellschaftlichen Ansehen vor allem mit den manuellen Fertigkeiten verbunden, die sein mechanisches Handwerk erfordert, und dennoch machen die geheimnisvolle Komponente dieser Kenntnisse, das Sicherheitsgefühl, das er einflößt, und die bedächtige Höflichkeit seiner Manieren ihn zu einem einzigartigen, stets von einer Aura der Überlegenheit und des Geheimwissens umgebenen Individuum. Vergeblich versucht man, ihn auf die Rolle eines »tragbaren Dieners« zu beschränken.

Von der Figur des Chauffeurs bleibt uns in der Welt der Autoromane vor allem das mythische, demiurgische, geheimnisvolle Bild, das Tristan Bernard überliefert hat. Das größte Glück des Chauffeurs besteht seiner Meinung nach darin, sich als eigentlicher Held der großen Verkehrswege zu fühlen und eine unkonventionelle Kleidung zu tragen. Es sei vor allem die Art, sich zu kleiden, oder besser, sich zu verkleiden, die ihn selbst verführt und zum Verführer macht. Im Gasthof eines kleinen Städtchens ankommen, angetan mit einem dicken Pelzmantel, das Gesicht hinter einer riesigen Brille verborgen, die Beine mit dicken Bändern umwickelt, und dann die Brille abnehmen wie man das Visier eines Helms hochklappt, und sich als Fremder, der von weit her kommt, zu erkennen geben: Das ist die heroische Faszination der Autofahrerei. Der Fahrer, ein wahrer *deus ex machina,* hat nicht nur das Verdienst, die ihm Anvertrauten heil und gesund an ihr Ziel zu bringen, wie Bernard anmerkt, sondern er trägt auch dazu bei, die Gasthöfe und Hotels immer moderner und gastlicher zu machen. Seine Unternehmungslust und sein gebieterisches Verhalten haben das gesamte Hotelwesen zu durchgreifenden Erneuerungsmaßnahmen gezwungen. Er, der am Steuer eines modernen Fahrzeugs sitzt, ist der eigentliche Herold der Modernität. Octave Mirbeau beschreibt 1908 die volkstümliche Mythologie um die Figur des Chauffeurs, der auf Dienstmädchen mindestens ebenso unwiderstehlich verführerisch wirkt wie der Soldat. Dieses Prestige verdankt sich einem Metier, das sie für heroisch und so gefährlich halten wie den Krieg. In ihren Augen hat ein Mann, der fortwährend durch den Raum rast wie Wirbelwinde und Stürme, etwas Übermenschliches. Sie erinnern sich, Drucke gesehen zu haben, auf denen Kriegsengel in lange Trompeten blasen, um die Kämpfenden anzustacheln, oder auf denen kleine, pausbäckige Gottheiten mit ihrem Atem das Meer aufpeitschen, Wälder entwurzeln und Berge versetzen, als wären es Strohballen. Dies ist das Bild, das sie sich von den Mechanikern der Autos machen. Ganz zu schweigen vom »großen Beherrscher«, von dem Morasso spricht, einem Mann, der immer etwas Heroisches hat, der auf seinem steilen Sitz thront wie ein barbarischer König, das Gesicht von einem harten Visier bedeckt wie ein Krieger, den Körper nach vorn gebeugt, als wollte er die Fahrt beschleunigen und weniger die Straße, denn das Schicksal erforschen.

So wie die »Handorakel für Reisende«, die die Helden der Grand Tour durch Europa jahrhundertelang begleiteten, sich einst der Kutscher und Kuriere annahmen, verbreiten sich nun Handbücher für erprobte Fahrer und Bibliotheken für den Chauffeur. War der Kutscher verpflichtet, sich am Abend um die Pferde und die Kutsche zu kümmern, so gehört es jetzt zu den Aufgaben des Chauffeurs, alle Teile des Motors und des Fahrzeugs, das ihm anvertraut wurde, zu überprüfen. Bierbaum wünschte jedem, der sich ein Auto kauft, er möge gleichzeitig auch einen Fahrer wie seinen Riegel finden, denn auch der allerbeste Wagen bleibe unvollkommen ohne einen Fahrer, der jedes einzelne Wagenteil kennt und liebt. Zu den lebendigsten und engagiertesten Passagen des Berichts, den Barzini vom Wettrennen Peking–Paris gibt, gehören die Seiten über Ettore, den fleißigen, vom Fürst Borghese eingestellten Fahrer, dem nach jeder einzelnen Etappe die Pflege des unzerstörbaren Itala obliegt. »Abends, wenn wir am Etappenziel ankamen, aß und schlief er nicht, bevor er das Auto nicht in Ordnung gebracht hatte; und er verbrachte viele Stunden in seltsamen Stellungen unter dem warmen Bauch des Autos liegend, um kochendes Öl abzulassen; manchmal stand er zu unmöglichen Zeiten von seinem Lager auf, von einem Zweifel getrieben, und dann hörten wir ihn in der Nacht Schrauben abdrehen, Teile ausbauen, um die empfindlichsten Organe des Wagens zu untersuchen, und schließlich alles wieder an seinen Platz bringen.« Barzinis Worte rufen die Handbücher für den erfahrenen Kutscher ins Gedächtnis, wo Ratschläge erteilt werden, wie das Pferd zu versorgen ist, indem man ihm das Gebiß abnimmt und das Maul mit Essig auswäscht, wie die Radnaben einzufetten sind, und wie man Zügel und Geschirr prüft, indem man sie sehr gründlich abtastet. Tatsächlich muß jedes Auto, das in dieser Frühzeit der Autoreisen über die bekanntesten, aber nicht immer besten Straßen Europas fährt, wie Barzini sagt, ständig überwacht, abgehorcht, kontrolliert, untersucht, gepflegt, gewaschen, geölt und geschmiert werden. Fast als wäre es ein Lebewesen, verlangt es, daß sein Fahrer, derjenige, der es lenkt und mit ihm umgeht, ihm seine ganze Aufmerksamkeit, Erfahrung, Intelligenz und Kraft widmet.

Die ersten Reisenden wenden sich häufig so an ihr Auto, als wäre es ein lebendiges Wesen, ein Verhalten, das deutliche Spuren im Vokabular des Autofahrers und in unseren Umgangsformen mit dem Auto hinterlassen hat. Bierbaum läßt sich zu einem echten Gefühlsausbruch hinreißen, als er seinen Adler nach einigen Tagen der Abwesenheit wiedersieht, und er bemerkt fast gerührt, in Mestre habe er sein Auto gegrüßt, als wäre es ein lieber Freund, und er sei wirklich froh gewesen, es in gutem Zustand vorgefunden zu haben. Der Chauffeur habe den Wagen während ihres Aufenthaltes in Venedig oft besucht, und habe ihm viele schöne Dinge mitgebracht, darunter ein nagelneues Rad. Diese persönliche Beziehung zu einem Gegenstand, so Bierbaum, sei erfreulich und bedeute durchaus keine Last: Es sei eine Art Liebe, und die aktive Anteilnahme, die sie verlangt, sei immer willkommen. Auch technische Handbücher wie das Jahrbuch des italienischen Touring Club von 1902 benutzen Metaphern oder Vergleiche mit Lebewesen, wenn sie sich auf das Auto beziehen. Das können allgemeine Hinweise sein: »Das Automobil ist wie das Pferd: Wer es kennt, kann ganz beruhigt sein, denn er wird es im Notfall zu beherrschen wissen«; oder solche zur Mechanik: »Bewaffnen wir uns mit einem guten Schraubenschlüssel, dem chirurgischen

Chauffeur vor einem Delaunay-Belleville. London, 1910

Besteck des Mechanikers, und führen wir eine Autopsie durch.« Der wahre Chirurg, der wahre Gesprächspartner und Interpret der Lebensäußerungen des Autos ist selbstverständlich der Chauffeur. Eine Textstelle von Eugène Demolder aus dem Jahr 1906 versetzt uns wie durch Zauberei auf den Rücksitz seines Autos, so daß wir aus dieser privilegierten Perspektive das Verhalten des Wagens unter den erfahrenen Händen seines Fahrers, des Mechanikers Marius, beobachten, ja geradezu mitempfinden können. Er nimmt seinen sorgfältig abgetrennten Platz hinter dem Steuer, den Hebeln und Knöpfen ein, den Fuß auf dem Gaspedal. Ein Beben läuft durch das wilde Tier, es erzittert bis in seine stählernen Eingeweide: Ah, da erwachen plötzlich der Vergaser, die Kerzen, der Kolben, die Ventile und die automatische Zündschaltung. Eine Art klagender Anruf des Lebens, und das Auto fährt singend los. Marius trägt seinen Dienstanzug, einschließlich der unverzichtbaren Schirmmütze aus schwarzem Leder und der dunklen Brille, die ihm das Aussehen eines Seehundes verleihen. Marius paßt immer genau auf die Furchen in der Fahrbahn, die Steine und Abwasserrinnen auf, die Augen fest auf die Straße zwischen den beiden

Metallscheinwerfern geheftet, die wie behelmte Ritter bei einem Turnier vorwärts preschen.

Es gibt darüber hinaus Reisende, die ausdrücklich weitere und noch wichtigere Verpflichtungen des Fahrers erwähnen, wie der Kunsthistoriker P.G. Konody, der 1910 mit vier Freunden in einem 30 PS starken White Steam auf die Reise geht. Sein Wagen hatte, wie bei diesem Typ üblich, ein ziemlich kompliziertes Innenleben; doch Ryder, der Fahrer, kannte jede Laune des Motors und wußte, wie man ihn zu behandeln hatte. Er war noch recht jung, um schon einen Monat lang die Verantwortung für vier Menschenleben zu tragen, verfügte aber über großartige Fähigkeiten und war absolut zuverlässig, schweigsam, dabei kein Griesgram, und immer bereit, jede Notlage erfolgreich zu meistern. Fahrer und Auto können in jedem Land, das man besuchen möchte, auch gemietet werden, genau wie man früher jeweils Verträge mit Kutschern abschloß, denen es dann oblag, die Kutsche und die Pferde bereitzustellen, sowie sich für eine vorher festgelegte Abfolge von Etappen um die Reservierung in Herbergen und Hotels zu kümmern. Dan Fellows Platt, ein junger amerikanischer Kunstsammler, mietete in Italien einen Fiat mit dazugehörigem Fahrer, dem umsichtigen Bertoni, den nach der Hälfte der Reise der unberechenbarere, aber ebenso tadellose Mazzini ablöste. Platt erinnert sich, wie er, in Florenz angekommen, nach Turin telegraphiert hatte, um sich einen anderen Chauffeur schicken zu lassen. Dieser traf auch schnell ein und machte einen guten Eindruck auf ihn. Sein einziger Fehler bestand darin, so vornehm auszusehen, daß er den Rest der Reisegesellschaft in den Schatten stellte. Die Probefahrt führte sie nach Vallombrosa, über Straßen voller Schlamm. Mazzini zeigte, daß er damit gut zurechtkam. Von Anfang an erwies er sich jedoch als Geschwindigkeitsfanatiker. Kurven waren seine Leidenschaft, und kaum sah er eine, drückte er das Gaspedal tief herunter.

Der Fahrer hat noch andere, kleinere Verpflichtungen wie diejenige, für Nachschub an Benzin zu sorgen – oft muß man sich an Apotheken wenden –, die lästigen Formalitäten an den Zollgrenzen zu erledigen, wo es zu endlosen Kontroversen über die mitgebrachten Mengen an Benzin und die Anzahl der Ersatzreifen kommt, und er muß die Insassen des Autos über gewisse Vorsichtsmaßnahmen unterrichten, wie zum Beispiel an den Landesgrenzen oder in der Nähe von militärisch oder strategisch wichtigen Orten ihre Fotoapparate verschwinden zu lassen. Denkt man an die Reisen vergangener Zeiten, fällt einem zu jeder dieser Begebenheiten ein mehr oder minder bekannter Vorläufer ein, wie zum Beispiel die vorübergehende Festnahme Goethes, weil er eine verfallene militärische Festung in Malcesine abgezeichnet hatte. Und so wie der Kutscher früher Hals über Kopf voranstürmen mußte, sobald die Poststation in Sicht kam, um sich den Pferdewechsel oder das Abendessen und die Zimmer für seine Passagiere zu sichern, obliegt es dem Chauffeur, für die beste Unterbringung des Autos zu sorgen. In Nantes bot die Hotelgarage, obwohl sehr geräumig, nicht allen Autos Platz, die im Laufe des Abends eintrafen, darum, bemerkt Konody, schätzten wir uns glücklich, daß wir rechtzeitig angekommen waren, um uns das letzte Eckchen zu sichern, zum großen Ärger eines Franzosen, den wir knapp einen Kilometer vor dem Hotel überholt und in einer Staubwolke hinter uns gelassen hatten.

Seine Erfahrung mit dem schwierigen Rennen veranlaßt Barzini, sein Buch mit einer Reflexion über die Rolle und Ausbildung des Fahrers nicht nur bei sportlichen Unternehmungen, sondern – und das ist sehr bezeichnend – auf dem Gebiet des sich stetig weiter ausbreitenden Tourismus abzuschließen. Er beginnt diese Überlegung mit der Feststellung, alles in allem habe die Reise Peking–Paris den Technikern gezeigt, daß das Auto allgemein eine sehr viel widerstandsfähigere und robustere Maschine sei als man dachte, und daß die üblichen Widrigkeiten des Autosports, die häufigen Pannen, die vielen technischen Defekte und gewohnten Schäden eher durch die Nachlässigkeit und Unkenntnis der Chauffeure als durch angeborene Schwächen des Autos verursacht werden. Daraufhin skizziert er die Zukunft des mechanischen Fortbewegungsmittels. Mit dem gegenwärtigen Entwicklungsstadium des Autos sei die Industrie der Perfektion schon sehr nahe gekommen, unzählige neue, praktische Verwendungsmöglichkeiten dieses Fahrzeugs sind im Bereich des regulären Verkehrs, für Verbindungen mit fernen Gegenden, für den Transport auf der Straße denkbar. Was jedoch verbessert werden müsse, sei der Chauffeur, fügt er hinzu. Während der Maschinist bei der Eisenbahn eine seriöse Ausbildung vorweisen und schwierige Prüfungen bestehen müsse, bevor ihm ein so großes Kapital und eine derart weitreichende Verantwortung übertragen werden, entsteht der Chauffeur von einem Augenblick zum anderen, benötigt wenige Tage in einer Garage, um seine Rolle zu lernen. Notwendig sind richtige Schulen für die Ausbildung zum Automechaniker, damit geeignete Männer geschaffen werden, von denen die Zukunft dieses genialen Fortbewegungsmittels zum großen Teil abhängen wird, wenn es wirklich sicher sein soll. Und er schließt: »Es wäre wünschenswert, daß jedes Auto seinen Ettore hat.« Denkt man an die schnelle, überwältigende Erfolgsgeschichte, die dem Auto bei stetig wachsenden Käuferschichten beschieden war, weil die meisten Modelle immer billiger wurden und technisch ausgereifter waren, bedarf es kaum noch der Erwähnung, daß Barzinis Prophezeiung sich als ebenso richtig herausstellen sollte, was die Nutzung des Autos, wie als irrig, was das Schicksal des Fahrers betrifft. Das Verschwinden des Mannes, der das feuerspeiende Ungeheuer zähmt, ist eines der untrüglichen Zeichen für den Untergang der romantischen Ära des Auto-

Zeitungsanzeige, 1902

mobils, jedenfalls bedeutet es, daß der Fahrer nicht mehr, wie ursprünglich, als Verkörperung jener Überlegenheit angesehen wird, zu der das undurchschaubare Wissen des mechanischen Handwerks führt.

In den Erinnerungen Carlo Emilio Gaddas tritt die Gestalt des Chauffeurs mit einer mythischen Aura auf, und Gadda berichtet mit ähnlichen Worten wie Morand oder Bernard davon: »Ein Pelz wie ein Orang-Utan, die Riesenhandschuhe eines Polarforschers, eine gewachste Schirmmütze wie ein Admiral, eine Gletscherbrille und auf den Knien ein Plaid mit Schottenmuster waren damals die Insignien des Fahrers.« In ihrer philologischen Genauigkeit birgt diese Beschreibung einen ironischen Unterton, der typisch für den Schriftsteller ist: »In Italien nannte man ihn Chauffeur, was auf französisch Heizer, also Gehilfe des Maschinisten, bedeutet. Viele Jahre später prägte das poetisch-philologische Genie des Menschen, der Italien in den Untergang führte, in einem Anfall von autarkem philologischen Purismus das Wort *autista,* weil er beschlossen hatte, die Sprache von ihren verhaßten Gallizismen zu reinigen (...) Damals ging ich aus Wut gleich zu Bett, später verflog meine Wut allmählich. Heute ... sage und schreibe ich autista, als ob nichts dabei wäre: wie ich auch Maschinist und Heizer (it.: *fuochista*) schreibe.«

Eine neue Sicht auf die Welt

Freie und gefangene Straßen

Viele Jahre bevor er gegen das Auto antreten mußte, hatte der Eisenbahnzug starke Bedenken bei all jenen hervorgerufen, die dem langsamen Schaukeln der Kutsche aus Gründen der Romantik die Treue wahrten. Das lag gar nicht immer an Voreingenommenheit oder einem grundsätzlichen Mißtrauen gegenüber dem Fortschritt, zu dessen Wahrzeichen der Zug geworden war. In einer berühmten Stelle seines Buches *The Stones of Venice*, deren Satzperioden mit langen syntaktischen Schleifen den subtilen Reiz des Aufschubs simulieren, hatte Ruskin die langsame, begeisterte Annäherung an das Ziel, die die Kutsche gewährt, mit der rasenden Ankunft des modernen Reisenden in einem Bahnhof verglichen. Statt die berühmte Ansicht irgendeiner alten Stadt mit ihren Türmen zu genießen, bleibt dem Reisenden von heute nur, aus der neuen Form eines Glasdachs oder eines Eisengitters auf den Ankunftsort zu schließen.

In der zweiten Hälfte des 19. Jahrhunderts hatte der Zug für die literarische wie die kollektive Vorstellungswelt eine gewaltige Anziehungskraft gewonnen, er war eine rußige, blitzende Gottheit, der man nicht nur romantische Fluchten aus Liebe, sondern auch grausame Verbrechen und poetische Selbstmorde wie den der Anna Karenina anlastete. In

Charles Dickens' *Dombey und Sohn* wird er auf besonders dramatische Weise geehrt als moderne Version des gleichmachenden Todes, der alles in einem einzigen Atemzug mit sich fortreißt:

> Fort ging es mit Pfeifen, Brausen und Heulen, fort von der großen Stadt; die Eisenbahn bohrt sich durch die Behausungen der Menschen, läßt die Straßen erdröhnen, fährt wie ein Blitz durch die Wiesen, wühlt sich in die feuchte Erde, schnauft durch die Dunkelheit und die stickige Luft, bricht wieder aus in das sonnige, weite Licht des Tages; weiter, weiter, pfeifend, fauchend, ratternd durch Felder und Wälder, Getreide und Heu, durch Kalkstein, Geschiebe, Ton und Fels, vorbei an greifbar nahen Dingen, die dem Reisenden immer wieder entfliehen, in eine trügerische Ferne, die am Horizont trügerisch langsam weiterzieht: wie in der Spur des erbarmungslosen Ungeheuers Tod!

Ohne den Zug wäre die westliche Literatur hilflos geblieben, unfähig, Vergangenheit und Zukunft miteinander zu verbinden. Mit ihrem tagtäglichen Gebrauch verliert die Dampflokomotive dann allmählich ihre zahlreichen Assoziationen an die Unterwelt und das Dämonische, befreit sich von ihrer Vergötterung und übernimmt die Rolle eines ordentlichen Transportmittels mit unverrückbar festen Fahrplänen und Zeiten: wie die der Gefangenen, um es mit Bierbaum zu sagen. Der Zug ist inzwischen zum Synonym für moderne Funktionalität geworden, und während die Abenteuerlust sich auf exotische Strecken zurückzieht – wie die des berühmten Orient-Express –, reist man jetzt eigentlich nicht mehr, sondern bewegt sich bequem von einer Stadtmitte zur anderen. Damit entfallen das langsame, schrittweise Ankommen und der Wechsel der Perspektiven auf das Ziel. Nachdem auch der Abenteuergeist, die Verführung durch die Geschwindigkeit und sogar der Reiz einer neuartigen Wahrnehmung der sich bewegenden Landschaft abgeklungen sind, muß die Reisezeit mit Lektüre gefüllt werden, zum Beispiel mit den Bändchen der von Baron von Tauchnitz heraus-

Zugabteil und Toilette, 1900

gegebenen »Bibliothek des Reisenden« oder denen der »Bibliothèque des chemins de fer« des Verlegers Hachette. Nicht, daß damit nun das Ende der magischen Aura der Eisenbahn erreicht wäre, das Schlußkapitel des modernen Märchens vom Zug, der dich, wie Proust sagt, bei der Ankunft »in jenem großen Haus, wo niemand wohnt«, absetzt, das wir Bahnhof nennen. Doch die Neugier wird jetzt von einem neuen Transportmittel gefesselt, das den Fortschritt noch zu beschleunigen scheint, indem es paradoxerweise die Uhren zurückstellt und zu einer ganz neuen Dimension des Reisens und der Wahrnehmung von Orten auffordert.

Zu Beginn ihres Buches *A Motor-Flight through France* erinnert Edith Wharton den Leser daran, daß dem Automobil das nicht unbedeutende Verdienst zukommt, die alte Form

»The course of true love...«. Harper's Weekly, 1905

des Reisens wieder zum Leben erweckt zu haben. Das Auto habe es ermöglicht, jene Lust am Abenteuer, am Unerwarteten und Neuen wiederzuentdecken, die einst die Kutschfahrten so lebendig gemacht hatten. In seinem Pragmatismus kündigt der Satz von Edith Wharton den Beginn einer neuen Epoche an. Sie ist gekennzeichnet vom Auto als Transportmittel, als Fahrzeug für Entdeckungsreisen und als Instrument der Erkenntnis.

Im Gefolge der solidarischen Beziehung gegenseitiger Anspielung, die sich zwischen der Kutsche und ihrer mechanischen Version, dem Automobil – einer Kutsche ohne Pferde – herstellt, wird die Eisenbahn immer häufiger mit einer Reihe von abfälligen Argumenten bedacht, die Octave Mirbeau im Jahre 1907 wirkungsvoll und sprachgewandt zusammenfaßt. Nachdem er die wunderbare Reise gepriesen hat, die ihn in wenigen Stunden im Auto durch unterschiedliche Völker und Kulturen geführt hat und ihm den Eindruck vermittelte, im Verlauf eines einzigen Tages die Erfahrungen von Monaten gemacht zu haben, bemerkt er, daß dieses Gefühl einzig durch das Automobil vermittelt werden kann, denn die Eisenbahn mit ihren immer gleichen, gefangenen Straßen durchquere die Länder nicht wirklich. Es handle sich um ein vollkommen neues Gefühl, dessen geheimnisvolle Kraft und dessen Zauber er während einer unvergeßlich schönen Reise verspürt habe, und dank dieser Erfahrung erneuere sich seine Bewunderung und Dankbarkeit für das ideale Heim auf Rädern, dieses fügsame und präzise Werkzeug der Fortbewegung im Raum, das Automobil genannt wird, immer wieder. Etwa zur gleichen Zeit stellt Bierbaum fest, daß es dem Zug keineswegs gelungen sei, unterschiedliche Städte und Kulturen einander anzunähern, Bahnhöfe und Hotels einmal ausgenommen. Außerdem, mahnt er, werde das Auto zu oft benutzt, um zu rasen, und nicht um zu reisen, obwohl sein Hauptmerkmal doch nicht die Geschwindigkeit, sondern die Bewegungsfreiheit sei. Reisen bedeute das Vergnügen, sich aus der Alltäglichkeit zu entfernen, um neue Erlebnisse auszukosten. Wer den Zug benutzt, so Bierbaum weiter, vertauscht einfach das eigene Zimmer mit einem Abteil, in das sich jeder beliebige setzen kann. Aber auch der sportliche Autofahrer, der Kilometerfresser und Rekordjäger, sei kein wahrer Reisender. Natürlich könne diese Sportart eine gewisse Anziehungskraft ausüben, wie jede andere Aktivität, die eine Gefahr für Leib und Leben bedeutet, und genau aus diesem Grund verschaffen sich die Reichen ja auch gerne das Gefühl, sich das Genick auf ganz neue Art brechen zu dürfen.

Jede Art Kritik oder Klage, die Autoliebhaber gegen den Zug vorbringen können – der Ruß, die stickige Luft in den Abteilen, die Vermischung der Geschlechter, die Tyrannei der Fahrpläne –, und nicht zuletzt gegen die Zerstörung der

Natur und der Städte durch den Bau von Eisenbahnlinien und Bahnhöfen, ist nichtig gegenüber Mirbeaus zugespitzten Formulierungen. Die Freiheit, die das Auto gewährt, ermöglicht nicht nur das Planen einer Reise ganz nach persönlichen Zeiten und Rhythmen, sondern auch, diese auf abgeschiedene oder seit jeher von den touristischen Routen ausgeschlossene Gegenden auszudehnen. Die Reise wird so in eine kühne Erforschung des Raumes und der Zeit verwandelt. Ganze Länder werden zum Ziel eines neuen, leidenschaftlichen Autotourismus, und auch in den bekannteren und oft besuchten Ländern tauchen plötzlich Gegenden auf, die neben den herkömmlichen Routen stets unbeachtet geblieben waren. Die Entwicklung der Eisenbahnlinien in Europa folgt den typischen Strecken der Grand Tour, und ihr Hauptzweck ist es, die größten Städte miteinander zu verbinden. Das Auto überwindet die Schranken der Gewohnheit – die Eisenbahnschienen oder auch die gefangenen Straßen, von denen Mirbeau spricht –, die die Reisenden über die immer gleichen Strecken führen. Das mechanische Pferd erscheint als ideales Mittel, Länder zu entdecken, die von den Landkarten des gebildeten Tourismus ausgeschlossen waren. Der Autoreisende kostet von einer neuen Freiheit bei der Planung seiner Routen, beim Erreichen des Ziels, beim Festlegen der Aufenthalte. Er darf jenen Pioniergeist, jene Lust auf andere, unbekannte Gegenden wiederentdecken, die die Eisenbahn hatte verkümmern lassen. Natürlich kommt es oft zu Unfällen und Pannen, aber sie verleihen der Reise den Kitzel des Unvorhersehbaren und bieten Gelegenheit, sich die Umgebung in aller Ruhe anzuschauen. Man mag die Aufrichtigkeit einer Bemerkung von Tristan Bernard bezweifeln, der die Panne 1904 als einen unvorhergesehenen Halt bezeichnete, der dem Reisenden dennoch Vergnügen bereitet und für den Chauffeur ein aufregendes Rätsel darstellt. Glaubwürdiger ist dagegen Edith Wharton, die den eigent-

Automobilrennen nach Schilderung der sportfeindlichen Tagespresse. Illustration von Emil Kneiss in *Schnauferl*, um 1905

lichen Sinn der Panne ironisch definiert, wenn sie sagt, daß die Geschwindigkeit zwar die Details verwischt, daß es jedoch dank einer Reifenpanne oder der Launen des Zündmagneten nie an Gelegenheiten fehlt, sich diese im Gedächtnis einzuprägen.

Zum Geschmack des Abenteuers tragen Straßen bei, die nicht besser sind als Maultierpfade, außerdem Haarnadelkurven, furchterregende Steigungen und Talfahrten, Straßen, die nicht für den »Feuerkarren« geschaffen wurden. Während der Fahrt muß der Fahrer fortwährend auf Maultiere und Esel aufpassen, die vom mechanischen Pferd erschreckt worden sind und darum von den Bauern geschlagen werden. Und dann müssen Dörfer durchquert werden, wo Aufruhr entsteht, die Leute mißtrauisch und feindselig sind, und Kinder in einem atemlosen Wettrennen in eine Staubwolke gehüllt hinter den Autos herlaufen. Auf den engen, schmutzigen Gassen Apuliens, schreibt Carlo Placci, rennen und springen Horden von kleinen Jungen um das Auto herum, schreien »l'ottommobbile, l'ottommobbile!« und versuchen, darauf herumzuklettern.

Poussières d'Italie ist der Titel, unter dem Dominique Durandy seine 1911 mit dem Auto unternommene italienische Reise veröffentlicht – ohne eine Spur von Ironie. Die jungen Leute von heute können sich nicht im entferntesten vorstellen, schreibt Fosco Maraini, wie die Straßen nach dem Ersten Weltkrieg aussahen: »Wenn es nicht regnete, war der Staub ein tödlicher Feind … Ein Überholmanöver konnte zum Russischen Roulette werden. Bei Seitenwind ging es gut, du hast dich dem Auto, das du überholen wolltest, genähert und die Situation dabei mit den Augen mehr oder weniger unter Kontrolle gehabt; wenn aber kein Wind wehte, mußtest du auf das Schlimmste gefaßt sein.«

Die originellste und sozusagen philosophischste Form, den Wettstreit zwischen Zug und Auto zu entscheiden, mit dem das Jahrhundert begonnen hat, ist ein von Giorgio Caproni in dem Band *Valigia delle Indie* angestellter Vergleich: Er behauptet, daß das Auto mit seiner Möglichkeit, je nach Laune gelenkt zu werden, letztlich für die Willensfreiheit steht, während der Zug fast wie das Symbol der augustinischen Prädestination oder der heidnischen Unabwendbarkeit des Schicksals erscheint.

Prousts feinsinnige Beobachtung, nach der es dem Autoreisenden mehr als jedem anderen möglich ist, einer Stadt »hinter die Kulissen zu schauen«, und er anhalten darf, um einen Einwohner um Auskünfte zu bitten, zeigt, was in ihrer Frühzeit als charakteristisches Merkmal der Autoreisen galt. Viele haben später ähnliche Bemerkungen gemacht, und manche haben diese Beobachtung vorweggenommen. Edith Wharton hatte das sinnliche Vergnügen gepriesen, eine Stadt gleichsam zu überraschen, indem man sie von hinten oder über einen Nebeneingang betritt und dabei eine verborgene Seite ihrer Geschichte entdeckt. Im größten Teil der Berichte über die ersten Autoreisen richtet sich das Interesse nicht darauf, Geschwindigkeit auszukosten. Sie sind stattdessen bemüht, die ungewohnte Beziehung hervorzuheben, die der Reisende dank des neuen Transportmittels zu Landschaften und Städten eingehen kann. Diese Beziehung fällt je nach den besuchten Orten verschieden aus, und sie läßt zwei unterschiedliche Formen des Reiseberichts entstehen, die beide typisch sind für das bewährte Genre der Reiseliteratur. Bei den Exkursionen in entferntere und – wie man damals sagte – weniger zivilisierte Länder mischt sich die Beschreibung der Topographie mit erzählenden Passagen, die von den Ereignissen der Reise strukturiert werden: die schlechten Straßen, die unwirtlichen Gasthäuser, das Murren der Bewohner, die ständigen Reifenpannen, die mechanischen Defekte. In ihrer Gesamtheit wirkt die Erzählung, obwohl durch die Form des Reisetagebuches als wahrheitsgetreuer Bericht ausgewiesen, wie eine Flucht in den freiesten und fesselndsten Abenteuerroman. Der Reisende ist seinem sozialen, wirtschaftlichen, familiären Kontext vorübergehend entronnen und der Herrschaft des Zufalls ausgesetzt. Für die Dauer der Reise verliert er seine biographische Identität, um in die Rolle des Pilgers vergangener Zeiten, des umherziehenden Ritters, des in die unglaublichsten Abenteuer verstrickten, unternehmungslustigen Helden zu schlüpfen. So erscheint uns Barzini in den unwirtlichen Ebenen der Wolga, so zeigen sich Marge und Demolder, während sie mit ihren Wagen über die Mauleselpfade Montenegros oder Andalusiens fahren. Sie sind die Vorläufer einer langen Reihe von Reisenden, die sich vor und unmittelbar nach dem Ersten Weltkrieg auf den Weg machten.

Auf den Strecken, die die hochzivilisierten, historischen Städte miteinander verbinden, verliert das Reisen als solches dagegen zunehmend an Bedeutung, denn das Interesse des Reisenden konzentriert sich nun auf die einzelnen Etappen, die zu den besuchten Städten und Ländern gehören. Der in der Frühzeit des Reisens verbreiteten gefährlichen und irrealen Atmosphäre entspricht nun eine Reihe von Pausen – die Aufenthalte in den historischen Städten –, während derer sich eine neue Form der Reise in die Vergangenheit herausbildet. Sie wird von der Umgebung angeregt, in die man sich begibt, einer Umgebung, die in vielen Fällen direkt in die Geschichte führt, von Prousts Metapher der »Bibel von Amiens« bis zu den »sprechenden Steinen« und den Büchern über die Gewölbe gotischer Städte und Kirchen, die Ruskin anführt.

Für den abenteuerlustigen Reisenden ist die Geschwindigkeit, gemessen an der Freude der Entdeckung, zweitrangig. Wer zum Vergnügen oder aus intellektueller Neugier reist, empfindet die Geschwindigkeit sogar als störende Ablenkung. Henry James gibt zu, daß er die Städtchen, die er auf einem Autoausflug zwischen Monte Oliveto und Perugia besucht hat, wegen des »mechanischen Pferdes« oder des genossenen Weines, eines Nobile di Montepulciano, alle in einem Kaleidoskop aus Bildern miteinander vermengt hat. Der Autoreisende scheint mit einer Art Weitsichtigkeit ausgestattet zu sein, die ihm immer neue Horizonte enthüllt, ihm aber eine nähere Betrachtungsweise der Dinge verwehrt und ihm die Details verwirrt. Diejenigen, die seit den allerersten Erfahrungen mit Autofahrten den Akzent auf die Wunderwirkungen des mechanischen Gefährts legen, sehen die Landschaft in kinetische – heute würden wir sagen filmische – Bilder aufgelöst, wie im Fall dieser erstaunlichen ersten Sätze eines Textes von Maurice Maeterlinck aus dem Jahre 1904: »Zu Anfang kommt mir die Straße in einer gleichmäßigen Bewegung entgegen ... Doch schon bald wird sie lebendig, macht einen Sprung, verliert die Geduld, stürzt sich auf mich, endet unter den Rädern wie ein gnadenloser Sturzbach, der mich mit seiner Gischt peitscht ...« Nun stürzt die Straße in einen Abgrund und das magische Automobil scheint darüber hinwegzugleiten, während die von einer geheimnisvollen Naturkatastrophe erschütterten Bäume am Straßenrand zu Hauptfiguren der Szene werden: »Man möchte fast sagen, daß sie herbeieilen, ihre Köpfe nähern, sich zusammenrotten, sich miteinander verbünden angesichts des Phänomens, das da auftaucht, um ihm den Weg zu versperren. Dann plötzlich, weil es nicht anhält, kehren sie langsam an ihre Plätze zurück, verbeugen sich ungestüm vor mir, als ich vorbeifahre, wobei aus Millionen von Blättern die geradezu irrsinnige Freude an der Kraft singend widerhallt, sie flüstern mir die Gesänge Spaniens ins Ohr, das dem alten Feind zujubelt, dem bis jetzt immer besiegten, doch schließlich triumphierenden Feind: der Geschwindigkeit.« Ein erstaunlicher Beginn seiner Reise auf die iberische Halbinsel, bedenkt man das lebhafte Interesse Maeterlincks an Autoreisen, einschließlich seiner Reise nach Sizilien, um der Kunstschätze willen.

Jahre später verfaßt Dornford Yates eine der ersten Beschreibungen einer nächtlichen Autofahrt. Das vorherrschende Gefühl rührt vom irrealen Aussehen der Landschaft her,

Werbeanzeige von Marcello Dudovich, 1920

als wäre der Reisende in einen langen Traum versunken, wo sich ihm der Eindruck der Geschwindigkeit nur durch das immer blasser und dünner werdende Band der Straße und die Tannen vermittelt, die schwarz, gewaltig und unbeweglich wie der Tod zu beiden Seiten aufragen. In dieser magischen Szenerie sind das Pulsieren des Motors, das Pfeifen des Vergasers, das Rauschen der Reifen neue Geräusche, die zu einem einzigen, vertrauenerweckenden Akkord zusammenklingen, einer Art Generalbaß als Begleitmusik der verzauberten Nacht. Die Idee der dynamischen Wahrnehmung der Landschaft teilt sich durch die Synästhesie mit, die Geräusche in Bilder und die Bilder in tiefe Stille übersetzt: »Der samtene Schleier des Schweigens wurde zerrissen, und seine Zipfel rollten sich nach hinten auf, um riesige Vorhänge entlang unseres Weges zu bilden, jedes Echo erstickend, jeden Nachhall zum Schweigen bringend. Der intensive Geruch des Waldes verstärkte das Geheimnis, wir waren von frischer, reiner und doch mit Düften gesättigter Luft umgeben ...« Und schließlich das leise Bedauern darüber, daß die verzauberte Nacht vom starken Scheinwerferlicht ihrer Geheimnisse beraubt wird. Vor der Motorhaube schießen nämlich wilde Kaninchen hin und her, eine Fledermaus zerschellt an der Windschutzscheibe, ein Hase bahnt sich seinen Weg und sucht Schutz zwischen den Rädern. Und was die Nachtfalter betrifft, so ist die Frontscheibe bereits zu einem Mosaik geworden.

Wenn man die Geschichte des modernen Reisens untersuchen möchte, kommt man nicht umhin, mit Bewunderung an jene Reisenden zu denken, die am Auto vor allem das Vergnügen der Unabhängigkeit und Bewegungsfreiheit rühmen, sich gleichzeitig aber selber Toleranz und Abenteuergeist bewahren. Waren dies nicht genau die Maßstäbe des persönlichen Reifeprozesses, den man sich im Goldenen Zeitalter des Reisens von der Grand Tour erwartete? Und waren dies nicht die Zwecke einer Reise, die in einem möglichst umfassenden Sinn als Krönung der Bildung eines Individuums angesehen wurde? Die lange, faszinierende Reise in die Vergangenheit, die die Amerikaner auf der Suche nach ihren Wurzeln unternahmen, und das breite Echo, das die künstlerischen Strömungen der zweiten Hälfte des 19. Jahrhunderts mit ihrer Erforschung der »Primitiven« auslösten, bilden nur zwei Beispiele für einen Typ des Reisenden, der das Auto als hervorragend geeignetes Mittel für eine neue Form des Reisens in die Kulturgeschichte Europas entdeckt. Die Formulierung eines so grundlegenden und gelungenen Begriffs wie der vom »Geist des Ortes« ist das schöpferischste und überzeugendste Ergebnis dieser Reisen, wie die unzähligen Städteansichten beweisen, die mit den ersten Forschungsreisen im Automobil entstanden.

Nicht die Propheten und Sänger des »irren Fluges« haben den Ruhm einer der wichtigsten kulturellen Traditionen Europas erneuert und die lebendigsten und neugierigsten

Geister dafür interessiert, sondern die enthusiastischen Liebhaber der ersten Automobile, diejenigen, die das Auto vor jeder anderen Verwendungsmöglichkeit zu einem echten Vehikel des Unternehmungsgeistes und der Lust am Wissen gemacht haben. Durch sie erst wurde es zum geeigneten Transportmittel für einen ernstgemeinten Kunsttourismus. Das Thema ist 1924 von Aldous Huxley in *Along the Road* behandelt und in exemplarischer Weise im Lob eines kleinen Citroën mit 10 PS zusammengefaßt worden. Der Wagen geht auf der Kurvenstrecke des Moncenisio aus einem Vergleich mit einem 40 PS starken, roten Alfa Romeo auf seine Weise als Sieger hervor. Er verdankt dies einer einfachen Überlegung des englischen Schriftstellers, die schließlich mit dem Ausdruck seiner Dankbarkeit gegenüber einem Auto endet, das ihn durch viele Länder, über unwegsame Straßen, auf hohe Berge und wieder hinunter gefahren hat, das ihn nicht nur durch den Raum, über das Angesicht der Erde, sondern auch durch die Zeit – mit ihren verschiedenen Epochen –, durch die Kunst, die Sprachen, Sitten und Gebräuche der Völker geführt hat. Dieses Auto hat ihm zu vielen und sehr unterschiedlichen Freuden verholfen. Es kostet wenig, fügt Huxley hinzu, es benimmt sich gut, seine Gewohnheiten sind so regelmäßig wie die von Immanuel Kant, und in seiner anspruchslosen Art ist es ein Vorbild an Tugend. Selten wird man ein leidenschaftlicheres und doch objektives Loblied auf ein Auto finden, obwohl, wie der Schriftsteller selbst zugibt, die dämonische Versuchung der Geschwindigkeit immer noch auf der Lauer liegt: »Wir sprachen dies alles und noch viel mehr aus, und es war tröstlich. Doch auf dem Grunde unseres Herzens nisteten immer noch der Neid und die Unzufriedenheit, die wie zusammengeringelte Schlangen nur darauf warteten, den Kopf zu erheben, sobald uns wieder einmal 40 PS auf einer Steigung überholen sollten.«

Zu eben dem Zeitpunkt, als sich abzeichnet, daß das Auto für die Kunst des Reisens von großer Bedeutung sein kann, äußert sich Henry James auf den letzten Seiten seiner *Italian Hours* (1909), einem der glänzendsten Beispiele moderner Reiseliteratur, über die zukünftige Rolle des Autos. James, der immer darauf bedacht ist, sich von einer allzu großen Faszination der Vergangenheit gefühlsmäßig nicht beeinflussen zu lassen, steht den Verlockungen der Zukunft nicht weniger mißtrauisch gegenüber. Darum widerstrebt es ihm wohl auch, das Fahrzeug direkt zu bezeichnen. Er zieht es vor, das Auto mit mehr oder minder ausgefeilten und anspielungsreichen Epitheta zu umschreiben. Angesichts der herrlichen, unbefangenen Macht des neuen Fortbewegungsmittels stellt James mit der gebotenen Zurückhaltung und mit kaum wahrnehmbarer, verhaltener Ironie Betrachtungen über seine Natur und seine praktischen Folgen an. So erkennt er an, daß der »geflügelte Karren« die Neugierde des Reisenden übermäßig vergrößert hat, so daß sie sich nunmehr in jede erdenkliche Richtung verzweigt. Kein fernes Ziel mehr, ob liebenswert vernachlässigt oder eifersüchtig verborgen, das von dem neuen Gefährt nicht erreicht und mit der Bequemlichkeit, die Ort und Gelegenheit jeweils gestatten, genossen werden könnte. Raum und Zeit gewinnen für den Autoreisenden, den motorisierten *flâneur*, eine bis dahin undenkbare Elastizität. Auch die *Italian Hours* verlassen in zunehmendem Maße zugunsten unbekannter Wege, anderer landschaftlicher und geographischer Ziele die traditionellen Strecken und Aufenthaltsorte der Reise durch Italien. Orte, Städte und Landschaften verlangen jedoch, daß man sich ihnen mit Takt und Diskretion nähert, denn sonst verjagt man den Geist des Ortes, und die Reliquien der Vergangenheit lösen sich auf. Die Vorteile, die das »mechanische Ungeheuer« bietet, sind andererseits nicht frei von dem, was man eine zwangsläufige Anmaßung nennen könnte. Denjenigen, der sich historischen Städten gerne auf Zehenspitzen nähert, weil er den Staub der Jahrhunderte nicht in seiner Ruhe stören möchte, kann das durch das Auto bewirkte Zusammenfallen von Bewegung und Ziel, von Wunsch und unmittelbarer Befriedigung des Wunsches eigentlich nur bestürzt zurücklassen. Auf den Reisen vergangener Zeiten waren es gerade die Schwierigkeiten, die den Geist schärften, das Vergnügen steigerten und fruchtbarer machten. Sogar der Verzicht erwies sich manchmal als förderlich für die Einbildungskraft: »Was die veraltete Form angeht, in der sich unsere Pilgerfahrten abspielten«, schreibt James, »so darf man nicht verschweigen, daß sie damals, was anders auch gar nicht denkbar gewesen wäre, furchtbare Lücken in unseren Wünschen, furchtbare Löcher in unserem Wissen, furchtbare Zusammenbrüche unserer Lebensenergie hinterließen. Immer gab es irgendwo ersehnte Orte und Ziele, Wunschträume, die notwendig in den Bereich des Unerreichbaren fallen mußten, und zu denen unsere wundersame Maschine stattdessen jetzt eine stabile, direkte Brücke baut.« Damit hört die Entfernung auf, besonders anziehend zu sein und Wünsche zu wecken. Nicht weniger Verlegenheit bereitet James das Erlebnis der Geschwindigkeit, der gegenüber er wiederum eine zurückhaltende und zwiespältige Haltung einnimmt. Auf den ersten Blick scheint ihm der »Feuerkarren« die Verschmelzung der Bilder zu fördern, anstatt zur Analyse anzuregen, und oft verwandelt sich die Erinnerung an eine Reise im Gedächtnis in einen einzigen, undifferenzierten Fleck aus vielen Farben. Dieses Bild wird in der Geschichte der Wahrnehmung der sich bewegenden Landschaft als zusammenfassender Eindruck am häufigsten wiederkehren. Aber es trifft auch zu, daß diejenigen Reisenden, denen die neuen Rhythmen des Reisens und ihr außergewöhnlicher Reichtum an Möglichkeiten bewußt sind, ihre Reise in eine Reihe herrlicher Bilder zu zerlegen wissen, ja sie mitunter sogar in die riesige Gemäldegalerie eines Adelspalastes verwandeln: Die römische Campagna mit dem neuen Fahrzeug anstatt mit der herkömmlichen Kalesche zu durchfahren, bemerkt James, ist, als betrachtete man sie mit den unermüdlichen Augen des »göttlichen Claude«. Dies ist kein unbedeutender Schritt für jemanden, der sich lange an denselben Orten aufhielt, um ihre pittoreske Zeitlosigkeit mit Hilfe des Bildes von einer bezaubernden, altehrwürdigen Krippe zu besingen. Und es ist ein vielsagender Schritt, mißt man ihn an seiner Aufforderung, die Landschaft müsse immer und unbedingt durch den ikonographischen Filter des Geistes betrachtet werden. Die Themen, die James' Ironie mit schwebender Leichtigkeit berührt hat, tauchen, ausführlich entfaltet, bei vielen Schriftstellern und Liebhabern des Reisens wieder auf. Viele beschäftigen sich gründlich mit der Beziehung zwischen dem Auto und der Wahrnehmung von Orten, wobei sie den abschließenden Gedanken der *Italian Hours* weiterentwickeln, der aus der Geschwindigkeit einen Katalysator für Landschaftsgemälde zu machen scheint, die auf eine erstaunte Natur projiziert werden sollen.

Anläßlich eines Ausflugs nach Caprarola mit dem amerikanischen Botschafter George Meyer im Jahre 1903 war in Edith Wharton die Leidenschaft für das neue Transportmittel erwacht und hatte sich dann im Verlauf zahlreicher Reisen entwickelt. Sie unternahm diese Reisen, um Material für ihre Untersuchung über die schönen italienischen Villen und ihre Gärten zu sammeln. Arrigo Boito, Vernon Lee, Paul Bourget und Bernard Berenson gehörten zu ihren häufigsten Begleitern und nützlichen Führern. Aus den Autofahrten durch Italien, aus der Kunst und der Vergangenheit des Landes bezog sie die Inspiration für ihren ersten, ausschließlich in Italien spielenden Roman, für mehrere Erzählungen und eine Reihe von Artikeln über die Topographie des Landes. Die Erinnerung an ihren allerersten motorisierten Ausflug aber ist so lebendig geschrieben, daß sie es verdient, vollständig aus ihrer Autobiographie zitiert zu werden:

> Ich war noch nie zuvor in ein Automobil gestiegen und konnte nicht glauben, daß wir es schaffen würden, noch an diesem Nachmittag nach Caprarola zu fahren und zurück zu kommen (fünfzig Kilometer Hinfahrt und eben so viele für die Rückfahrt), und dabei auch noch die Zeit haben würden, die Villa und die Gärten zu besichtigen; aber wir haben es geschafft, und wie! Vielleicht war es ein besonders teures Auto und sicher eines der schnellsten, die man damals bekommen konnte; aber eigentlich sah es aus wie eine sehr hohe Kutsche ohne Motorhaube und ohne jeden Schutz vor dem Wind. Mein Mann setzte sich neben den Chauffeur, während ich neben dem Botschafter Platz nahm, so hoch oben, als säße ich auf dem Kutschbock. Bekleidet mit einem leichten Frühlingskleid, einem Strohhut, der über meinem Haarknoten und einem wenige Zentimeter langen Schleier schwebte, der mir gerade bis zur Nase reichte, kletterte ich stolz auf meinen Ausguck und ab ging es durch die Campagna, über Abflußrinnen und Erhebungen, Bächlein und Gräben hüpfend, vom Wind gepeitscht und in Staub gehüllt, ich an mein Strohhütchen und George Meyer (zum Glück) ans Steuer geklammert. Wir brauchten wahrhaftig nur eine Stunde, um anzukommen, und es gelang mir, in aller Ruhe die Villa und die Gärten anzuschauen, bevor es nach Rom zurückging. Es war ein großes Vergnügen, die Verführerin des Atlas zu spielen und sich nicht um müde Pferde und unbequeme Züge kümmern zu müssen; doch als ich zum Abendessen kam, war meine Stimme vollkommen verschwunden, und ich verbrachte die nächsten Tage mit einer akuten Kehlkopfentzündung im Bett. Trotzdem schwor ich mir von dem Moment an, daß ich mir, sobald ich das Geld hätte, ein Automobil kaufen würde; und das tat ich auch – und da ich einen empfindlichen Hals habe, fuhr ich in der Campagna herum, den Kopf trotz einer unglaublichen Hitze in eine erstickende Kapuze mit Sichtfensterchen gewickelt, bis irgendein Wohltäter der Menschheit die Windschutzscheibe erfand, und von dem Augenblick an wurde das Autofahren zu einem großen Vergnügen.

Der typisch amerikanische Pragmatismus der Wharton duldet keinerlei Aufschub, was den Gebrauch des neuen Fahrzeugs angeht. Nicht, daß sie damit die Lehren ihres Meisters vergäße. Deren Echo kann man gerade dort noch vernehmen, wo es um die Lesart der italienischen Landschaft geht, die ihrer Meinung nach unbedingt durch den Filter der großen Tradition der Renaissancemalerei mit ihren leuchtenden, klaren Hintergründen betrachtet werden muß. In ihrem Buch *Italian Backgrounds* (1907) wird der Leser durch die große Mobilität des neuen Fortbewegungsmittels – beginnend mit dem Panhard Levassor, den sie 1904 kaufte – und die meist abgelegenen Strecken, die sie befährt, in eine vielfältige Abfolge von Landschaftsansichten versetzt, wo sich die Hintergründe der Gemälde von Perugino, Giovanni Bellini oder Giorgione über die tatsächlichen Ansichten der umbrisch-toskanischen oder venezianischen Hügellandschaften legen und so ihren idealen Kanon oder den Schlüssel zu ihrer Interpretation bilden.

Die Namen, mit denen sie sich augenzwinkernd an die eigenen Autos wendet – Alfred (de Musset) war der Name eines »schönen, eindrucksvollen Wagens, der gewöhnlich wie ein Blitz losfuhr, um sich bei der ersten Steigung zu sträuben«, und George (Sand) hieß ein »winziges, aber unermüdliches Wägelchen« –, sind die einzigen Konzessionen an die damalige Mode, die in anthropomorphen Begriffen von Autos spricht oder ihnen verborgene vitalistische Anlagen unterstellt. Für unsere Schriftstellerin, die von den Erträgen ihrer Romane immer wieder neue Autos kaufte – James pflegte zu sagen, daß er sich mit den Rechten an seinem Roman *Die Flügel der Taube* (1902) nicht einmal eine Schubkarre hätte kaufen können –, ist das neue Transportmittel ein willfähriges Werkzeug, das weder gefürchtet noch mythisiert werden muß. Vor allem ist es ein Hilfsmittel, das neue Formen der Begegnung mit der Stadt ermöglicht, und das zu einer reflektierten, auf ihre Weise phantasievollen Betrachtungsweise der Landschaft auffordert, kurzum ein Mittel der

Zeitschriftenwerbung für den ›Fiat 501‹, 1923

Freiheit, der Emanzipation und des Vergnügens. Es ist mehr und es ist anders als das »Fahrzeug der Leidenschaft«, das ihr der mißtrauische Meister empfohlen hatte. Man denke nur an die scherzhaften Verse, die sie 1911 an Henry James schrieb, in denen sie erzählt, sie sei in Florenz angekommen, nicht unbedingt, um die Museen zu besuchen, »sondern wegen Autofahrten nach Vallombrosa / Nach Pienza, nach Siena, die wie man mir bekannte / alle viel höher sind als die Kuppel von Dante«. Und umgekehrt bezieht sich James in seiner Geschichte *Der seidene Handschuh* ironisch auf ihre Leidenschaft für Entdeckungsfahrten mit dem Auto.

Die Idee, daß die Landschaft wie ein Bilderbuch durchgeblättert werden könnte, ist die erste, zu der dieses unglaubliche Fortbewegungsmittel Vernon Lee inspiriert. In einem schönen Aufsatz von 1905, *The Motor-Car and the genius of Places*, bestätigt sie mit feinen Variationen und scharfsinnigen Intuitionen die Zweifel von Henry James. Auf Autofahrten erlebt man Empfindungen, die angenehm neu sind, wie das Gefühl konstanter Leichtigkeit, eine Gesamtansicht der Dinge, das Verschwinden lästiger Details. Das Auto unterstützt nämlich eher das geographische als das topographische Gefühl für die Landschaft. Das Aufeinanderfolgen von Hügeln und Abhängen, die Senkungen, weite Täler, die Ebene, die sich zwischen den mächtigen Bergwänden fast mit der Hand berühren läßt, das ausgedehnte Tiefland, das von Flüssen und weißen Straßen durchzogen wird, all dies offenbart sich dem Autofahrer in einem ununterbrochenen Fluß, der seine Fahrt angemessen gemächlich gestaltet. Ähnliche Beobachtungen machen auch andere Reisende. Carlo Placci zum Beispiel bemerkt, daß das Auto ein fast körperlich spürbares Gefühl für die Beschaffenheit einer Region mitteilt, als ob wir, wenn wir mit unserem eigenen Körper ganz flach über den Boden streifen, seine wechselnden Erhebungen und Senkungen, seinen gesamten schönen Knochenbau, messen und zeichnen könnten.

Das charakteristische Merkmal des Autos, die Geschwindigkeit, erscheint Vernon Lee dagegen als problematisches Element. Sie fragt sich, ob die Schnelligkeit die Funktion habe, eine Landschaft einfach nur zu zeigen, anstatt wirklich zu ihrem Verständnis beizutragen. Während einer Autoreise bieten sich die aufeinanderfolgenden Dinge – die Ansichten, die Ausblicke, die Landschaften – wie bloße Erscheinungen dar, die unabhängig von unserer physischen Anteilnahme und unserem Willen vorüberziehen. Hier, in diesen »Anblicken, die der Anteil nehmenden Bewertung durch die Muskeln und den Willen beraubt sind«, liegt der Ursprung des unbestimmten, leisen Gefühls von Unwirklichkeit, das den Reisenden befällt, der von einem Ausflug zurückkehrt, in dessen Verlauf sich unterschiedliche Eindrücke verbunden haben, und das in ihm den Verdacht nährt, »nie wirklich dort gewesen zu sein«, die Orte seiner Wünsche mit denen der tatsächlichen Wirklichkeit verwechselt zu haben.

Verschiedene Reisende nehmen diesen Effekt des Wirklichkeitsverlustes durch die Geschwindigkeit mit Unbehagen wahr. Doch erst in unserer Zeit haben Jean Baudrillard und später Paul Virilio die Intuition von Vernon Lee weiterentwickelt. Der erste hat betont, daß die Bewegung ohne Anstrengung und ohne irgendeine physische Beteiligung einer Art irrealem Glück gleichkommt, einer Aufhebung des Daseins und einer Befreiung von Verantwortung. Ohne Umschweife spricht der zweite mit Bezug auf den Fahrer und den Passagier eines Autos von sensorischem Entzug und legt damit den Akzent auf die der schnellen Ortsveränderung innewohnende Gewalt. Sie ermöglicht Erfahrungen, die noch vor dem Ziel rangieren und wichtiger werden als das Ziel, nämlich die der Beschleunigung, der Unmittelbarkeit, des Mythos der Schwerelosigkeit. Wir dürfen allerdings nicht vergessen, daß das Verbindungsglied zwischen der ebenso nützlichen wie flüchtigen Intuition von Vernon Lee und der zeitgenössischen französischen Soziologie im Rahmen unseres Themas ausgerechnet von einem anderen großen Reisenden gebildet wird, nämlich Aldous Huxley. Im Tagebuch seiner Indienreise, *Jesting Pilate* von 1927, schreibt Huxley, daß man, will man die Dinge wirklich sehen, will man sie wirklich beobachten und sich aneignen, die Beine ebenso wie die Augen gebrauchen muß. Auch die geringste Muskelanstrengung führt dazu, die Aufmerksamkeit spontan zu erhöhen und den Blick zu schärfen. Das Auto bietet dagegen ein anderes Vergnügen und schärft die Sinneswahrnehmungen nicht, sondern stumpft sie ab und schläfert sie ein, bis der Geist in einen narkotisierten Zustand sinkt. »Bequem im Auto sitzend«, erzählt Huxley:

> ... betrachte ich die Fernen, die langsam vorbeiziehen, die Felder und die Bäume, die sich beeilen, die zerstreuten Einzelheiten einer Hecke, die uns überragt. Eine Schicht nach der anderen, die aufeinanderfolgenden Beschleunigungen verschmelzen

zu einem schwindelerregenden Kontrapunkt an Bewegungen. Nach kurzer Zeit falle ich in eine Art Trance. Mit der Passivität des Schlafenden betrachte ich ein Schauspiel, das die gleichzeitig lebhafte und irreale Eigenart des Traumes angenommen hat. Während ich ausruhe, gebe ich mich der Illusion hin, ich wäre aktiv, vollkommen allein sitze ich mitten in einem Truggebilde. Ich habe noch nie indischen Hanf geraucht, aber in der Tiefe meiner Trance der Geschwindigkeit kann ich erahnen, wie die Freuden des Haschisch sein dürften...

Je komfortabler das Auto wird, desto geschickter umfängt es den Reisenden mit seinem Zauber und hält ihn in seinem Bann. Dies ist eine der kleinen Freuden des Lebens, von denen Philippe Delerm spricht, eine auch für ihn nicht ganz unproblematische Freude, die auf das leise Mißtrauen bei Vernon Lee zurückweist. Wenn man nachts fährt, scheint im Auto alles nachgiebig und gefügig zu sein, von der Geschmeidigkeit der Gangschaltung bis zur Beweglichkeit des Steuers. Gleichzeitig aber, fährt Delerm fort, werden wir vom Fahrzeuginneren beherrscht, denn wir sitzen in der mit Einsamkeit gepolsterten Stille so ähnlich wie in einem Kinosessel: Der Film rollt vor uns ab, und er scheint das Wichtigste zu sein, doch das unmerkliche Schweben unseres Körpers vermittelt uns das Gefühl einer akzeptierten Abhängigkeit, einer entspannten Hingabe. Auch William Least Heat-Moon berichtet, wie er mit seinem Lastwagen bequem über die blauen Straßen Amerikas fährt und dabei die Augen starr auf die Filmleinwand der Windschutzscheibe geheftet hat.

Es gehört zur Entwicklungsgeschichte des Autos, daß seine Insassen zunehmend von der direkten sinnlichen Wahrnehmung der Realität abgetrennt werden. Schon 1910 bedauert Konody, daß er beim Fahren keinen direkten Kontakt mit der Luft mehr habe, dem Brummen des Motors und dem Pfeifen des Windes lauschen und physisch an den Vibrationen des Fahrzeugs teilhaben könne. Die zunehmende Geschwindigkeit zwingt den Fahrer, sich hinter immer breiter werdenden Schutzschirmen zu verbergen – die großen Brillen, die Schirmmütze, die Windschutzscheibe – und sich schließlich mit dem eigenen Körper in den Körper des Wagens zu kauern, um von allen Seiten geschützt zu sein. »Vielleicht kann ich die Dinge bei einer gewissen Geschwindigkeit nicht mehr begreifen«, schreibt wiederum Vernon Lee, »und darum gelingt es mir nicht, ihnen die Wärme und Fülle einer Wirklichkeit zu verleihen, die die Fibern des Herzens aufgenommen und neu verbunden hat.« In der Geschwindigkeit lauert immer ein Dämon, der eine bestimmte ungestüme Veranlagung unseres Charakters aufreizen kann, so daß ein unschuldiges Mittel zur schnelleren Fortbewegung, mit dem mehr Anblicke genossen werden können, mehr alte Mauern und verfallene Kirchtürme, sich unversehens in eine wahnhaft überstürzte Eile, in ein totales Aufgehen in der Technik verwandelt. Von den ersten Tagen des Autos an hat man vermutet, daß die zum Selbstzweck gewordene Geschwindigkeit uns unrettbar auf den Tod zuwirft, und daß die Umwelt, je schneller die Zeit vergeht, desto mehr an Bedeutung verlieren wird. Paul Morand hat diese Begriffe visuell umgesetzt, indem er aus der Kunst seiner Zeit das negative Pendant zur Geschwindigkeit machte. Er behauptet nämlich, daß die Geschwindigkeit die Form und die Farbe tötet: Wenn es sich zu schnell dreht, formt das Gyroskop nur ein Grau. Betrachten wir die moderne Malerei: grau, graugrün, grau-schwarz, Braque, Picasso, Juan Gris, Vlaminck: Farben von Torpedobooten, gepanzerten Zügen, Autofahrgestellen.

Der Kontrast zwischen einer vitalistischen, dionysischen Auffassung vom Auto, für die Geschwindigkeit der einzige, unumschränkte Wert ist, und der Idee des Wagens als eines modernen Transportmittels für den ästhetischen Tourismus – um einen Ausdruck von damals zu gebrauchen –, taucht in den Reiseberichten des frühen 20. Jahrhunderts häufig auf:

»Mario Morasso hat die Geschwindigkeit des Automobils gepriesen«, schreibt Carlo Placci, »wer wird die Wonnen seiner freiwilligen Langsamkeit besingen?« Placci ist einer der ersten, die zu der Vorstellung einer von den Autofenstern umrahmten Landschaft anregen. Ihm ist bewußt, daß die Ansichten, die das Fahrzeug bietet, reine Sichtphänomene sind. Wer im Auto fährt, kennt dieses Erlebnis eines sich bewegenden, geöffneten Fensters, in dessen Rahmen immer mehr Gebäude und kaleidoskopartig umgeordnete Menschenmengen erscheinen, während die Landschaft sich schneller verändert und eine neue Mobilität die Zeitspannen verkürzt.

Wie bei allen großen Schriftstellern löst das Thema der Reise im Auto auch bei Marcel Proust ein breites Spektrum an Ideen und Assoziationen aus. Von besonderer Bedeutung ist die neue, facettenreiche Beziehung zur Landschaft, die das Auto einerseits einzufrieren und zu veredeln scheint, indem es sie »hinter Glas« setzt, und die es andererseits mit der Zauberkraft der Bewegung zu beseelen scheint. Die Geschwindigkeit des Fahrzeugs verleiht der Landschaft eine ganz besondere, geheimnisvolle Vitalität, sie macht aus Bäumen, Häusern und Kirchtürmen Fabelwesen. Auf den Betrachter wirkt das so, als hätte er die Möglichkeit, in ein Gemälde einzutreten. Schon früh und besser als jeder andere hat Proust die verführerische Anziehungskraft vorausgeahnt, die sich zwischen dem Auto und dem Ziel herstellen kann. Diese Beziehung treibt der Geschwindigkeit ihren Dämon aus, verringert sie, schwächt ihre Kraft und verwandelt sie in eine mitreißende, einheitliche Bewegung, die den Zielort in ihren konzentrischen Strom einsaugt. Zu diesem subtilen Spiel, diesem kalkulierten Aufschub des Begehrens gehört das Bild der sich überlagernden und verdoppelnden Kirchtürme von Caen. In diesem Spiel wird die Bewegungsfreiheit des Wagens mit den daraus hervorgehenden, unendlich verschiedenen Perspektiven begeistert gerühmt. Verführt von deren Anblick kehrt Proust die Beziehung zwischen dem Auto, das der treue Agostinelli lenkt, und der Landschaft, in die der Wagen eingebettet ist, um. Zu den eigentlichen Regisseuren dieser Szene werden die Kirchtürme von Saint Étienne und Saint Sauveur, die »goldenen Zapfen«, um die das Fahrzeug leise »auf Rollschuhen gleitend« herumfährt. Eine Textstelle, die auf mehrere andere Namen Bezug nimmt, liefert schließlich den Schlüssel zur Deutung dieser Eindrücke von einer Autoreise, bei der die unmittelbare Erfahrung der Bewegung und des Ortes immer mit den Fragen ihrer Darstellung, mit der Möglichkeit, die Landschaft einzurahmen, zusammenfällt. Es überrascht darum nicht, wenn im Gesamteindruck mehrere typische, sogar polemisch angesprochene Themen der Zeit zusammenfließen, um dort wiederum verfremdet zu werden:

> Wir mußten in einem Dorf anhalten, wo ich einige Augenblicke lang für die Einwohner jener »Reisende« war, den es seit dem Aufkommen der Eisenbahn nicht mehr gab, und den das Automobil wieder zum Leben erweckt hat... den man in den Landschaften von Cuyp sieht, wie er anhält, um, wie Ruskin sagt, »einen Passanten, dessen Aussehen genügt, um zu erkennen, daß er unfähig ist, ihm Auskunft zu geben«, nach dem Weg zu fragen... jenen »Ritter zu Pferd«, den es heute in Wirklichkeit fast nicht mehr gibt, und den wir dennoch manchmal bei Ebbe am Strand entlang galoppieren sehen, wenn die Sonne untergeht, womit er aus der Landschaft am Meer, die wir vor Augen haben, ein »Seestück« macht, eine kleine Figur, die von Lingelbach, Wouwermans oder Adrien van de Velde... in einen Strand von Guillaume van de Velde oder von Ruysdaël eingefügt zu sein scheint.

Wir sind also mit dem Auto in eine der flämischen Landschaften gekommen, die Proust besonders liebte. Die Reise ging zurück in die Vergangenheit, bis wir den alten Ruskin trafen, bis wir die alten Rollen früherer Wanderer übernahmen und uns ins Reich der Fiktion vorwagten. Niemand wird nach Proust das Automobil an ähnlich seltsame Ziele zu lenken wissen, niemand wird der Geschwindigkeit und in letzter Instanz auch dem Ziel selber so scharfsinnig ihre Anziehungskraft austreiben. Auch für Huxley, den wir als Liebhaber des mechanischen Gefährts schon mehrmals zitiert haben, ist das Auto ein beweglicher Ort für privilegierte Aussichten. Sein Biograph zeigt ihn uns neben dem Fahrer – meistens seine Ehefrau – im Auto hingekauert, so weit nach hinten gelehnt wie möglich, um die Beine überkreuzen zu können, und die vorübereilende Landschaft durch eine Menge verschiedener Linsen und Brillen betrachtend. Den Geist in den Windungen der Landschaft verloren und begeistert über die Möglichkeit, eine Reise nicht nur durch den Raum, sondern gleichzeitig auch durch die Zeit machen zu können, pflegte er zu sagen, das Auto sei klein genug und nah genug am Boden, um mit einem galoppierenden Pferd mithalten zu können.

An dieser Stelle darf ein besonders interessantes und hierzu passendes Zeugnis nicht vergessen werden, das zwar aus unserer Zeit stammt, aber den Wert und Reichtum der Proustschen Beobachtungen, wenngleich in einem vollkommen anderen Zusammenhang, bestätigt. Es macht aus dem Auto ein Vehikel des Wissens und auf seine Weise einen Anreiz zur Kreativität. Das Auto wird hier zum Mittel, das tellurische, geheimnisvoll verborgene Gesicht einer der berühmtesten Gegenden der Reiseliteratur – die schon von Henry James mit dem Auto befahrene römische Campagna – zu erforschen, wobei die Blicke, die in die Welt »jenseits« der Fensterscheiben geworfen werden, sich in Fragmente einer ganz und gar autonomen Bildersprache verwandeln. Es ist genau jenes stille Vorübergleiten der Landschaft hinter den Scheiben, dieses Fließen, das den Betrachter gleichzeitig in die Landschaft hineinversetzt und ihr entzieht. Es ist das Fehlen eines vorbestimmten Ziels, was die Kreativität des Beobachters stimuliert. Er scheint sogar nur unter diesen

Umständen auf Anregungen von außen zu reagieren. Proust geht von der Landschaft mit ihren unzähligen Schatten und Verdoppelungen aus, um eine lange, imaginäre Reise in die Vergangenheit, in die malerische Fiktion der Reise zu unternehmen. Federico Fellini, den wir mit einer interessanten Erinnerung zitieren, projiziert sich hingegen in die Zukunft, indem er Mosaiksteine und Skizzen für seine nächsten Filme entwirft: »Dem Auto verdanke ich die Entdeckung eines märchenhaften Latium, kleine Dörfer, auf den Anhöhen hügeliger Gegenden verschanzt, die Campagna, verlassene Tennen mit Erinnerungen an die Malaria, das herrliche Maccarese, das aussah wie das mittelalterliche Japan in den Filmen Kurosawas, und vieles andere mehr«, so beginnt der Regisseur und fährt dann fort: »Doch vor allem verdanke ich meinen Autofahrten in Städte, aufs Land und ans Meer die Figuren und Dialoge meiner Filme, denn oft habe ich angehalten, egal, wo ich mich gerade befand, und mir Notizen gemacht. Dieses Fließende, dieses Umherschweifen ohne Ziel, wenn die Dinge, die Farben, die Bäume, der Himmel, die Gesichter lautlos hinter den Autofenstern vorbeiziehen, war immer schon imstande, mich an eine undefinierbare Stelle in meinem Ich zu versetzen, wo Bilder, Empfindungen und Vorahnungen wie von selbst entstehen.« Mehr als ein halbes Jahrhundert Gewöhnung an das Auto haben den Reisenden inzwischen vergessen lassen, daß die Bilder, die sich ihm hinter den Fensterscheiben des Wagens darbieten, unabänderlich der »Anteil nehmenden Bewertung durch die Muskeln und den Willen beraubt sind«. Zum Ausgleich hat sie in ihm das schöpferische Potential der Phantasie geweckt und damit die höchste Aufgabe der Kunst vorweggenommen.

Metamorphosen des Automobils

Die Kreatürlichkeit der Autos

Der Anblick einer Maschine löst im Menschen einen Rest an magischem Bewußtsein aus, denn er scheint nie ganz überzeugt, daß deren Mechanismus nicht doch ein ganzes Arsenal an guten und bösen Geistern enthält. Das behauptet Norman Mailer angesichts der Erzeugnisse der fortgeschrittensten Raumfahrttechnologie, über die er in *Auf dem Mond ein Feuer* spricht. In seinen Worten klingt das ferne Echo eines Aphorismus von John Ruskin. Dieser meinte, der Eindruck einer undefinierbaren, eigenen Vitalität der Dinge rühre daher, daß der Mensch die Vorstellung einer der Natur innewohnenden geistigen Kraft verloren hat. Darum kommt es einem bei Autounfällen manchmal so vor, als müßte man sie als eine Art geheimnisvoller Rache der Natur am sinnlosen, künstlichen Mechanismus und an der kalten Herrschaft der Technologie verstehen oder erhalte auf diese Weise ein Zeichen für deren eigentliche Hinfälligkeit. Unter besonderer Berücksichtigung der ästhetischen Eigenschaften des Gegenstands, denen seine Ironie gilt, hat Roland Barthes das Thema in dem berühmten Aufsatz über den *Neuen Citroën* schon vor Mailer behandelt. Man dürfe nicht vergessen, sagte Barthes, daß ein Gegenstand der beste Träger des Übernatürlichen ist, daß sich im Gegenstand Perfektion und gleichzeitig das Fehlen eines Ursprungs verbinden, sowohl Verschlossenheit als auch Glanz, die Verwandlung des Lebens in Materie und ein Schweigen, das in das Reich des Wunderbaren gehört, von dem auch sein Zauber herrührt.

Die verborgenen menschlichen oder tierischen Anlagen des Automobils zu enthüllen, ist seit den Anfängen der Motorisierung eine sehr weit verbreitete rhetorische Übung. Sie steht im Zusammenhang mit einer magischen Deutung der technologischen Wirklichkeit. Nicht zufällig neigte sie wegen ihrer Fülle an leicht verständlichen Anspielungen immer dazu, sich auf die Werbesprache zu übertragen. Die ersten Definitionen des Automobils bezeichnen dieses auch als ein zwischen der mechanischen Welt und dem Tierreich oder zwischen letzterem und den mythologischen Wesen schwebendes Geschöpf. Ungeheuer aller Art: mechanische Saurier, geflügelte Pegasusse, Zentauren und Hippogryphe bevölkern die Autoliteratur der ersten Jahre. 1914 prägt Ettore Bugatti das Motto für sein Auto, das als »Vollblutpferd unter den Automobilen« präsentiert wird. Es lassen sich Assoziationen und Namen finden, die durchaus wörtlich gemeint sind, darunter freundliche wie die Bezeichnung Cricket, Grille, wie der Kunsthistoriker Paul G. Konody seinen White Steam wegen seines unermüdlichen, rhythmischen Geknatters nennt. In *Jonah & Co.* wendet Dornford Yates sich in bewußt schmeichlerischen Tönen an seinen Wagen, bittet ihn, eine letzte Anstrengung zu unternehmen, bevor die Nacht hereinbricht, und erhält darauf eine Antwort, die eines Vollblutpferdes würdig ist. Yates benutzt hier eine Sprache, die zwei verschiedene symbolische Wünsche des zeitgenössischen Mannes miteinander verbindet: den nach der ganz und gar weiblichen, mechanischen Dienstbarkeit des Wagens, und den Wunsch nach Beherrschung der Tierwelt. Diese Sprache ist außerdem gekennzeichnet von der provokanten Aufdringlichkeit des technischen Produkts, das die paradoxe Eigenschaft hat, alle Schönheit und Sinnlichkeit für sich in Anspruch zu nehmen, und – wie die Futuristen behaupteten – das mechanische Ideal dem weiblichen voranzustellen. »Die Wärme eines Stücks Eisen oder Holz«, sagte Marinetti, »erregt uns inzwischen stärker als das Lächeln oder die Tränen einer Frau.« Wir finden eine solche Sprache viele Jahre später im Debütroman von Thomas Pynchon, *V.*, wieder, wo eine mit boshafter Genauigkeit geschilderte Umkehrung der Rollen stattfindet. Rachel spricht mit ihrem Auto, und ihre Sprache zeugt von einer stark erotischen Metamorphose des Autos in ein Tier, als ob im fortgeschrittensten technologischen Universum die unkontrollierbare archaische Freizügigkeit des Mythos wieder aufleben sollte. Eben darum endet das Zitat auch mit einer ironischen, moralisierenden Anmerkung, die die leidenschaftliche Beziehung zwischen der Frau und dem mechanischen Zentauren etwas abkühlt:

> Mein hübsches kleines Pferdchen, ich berühre dich gern. Weißt du, was ich fühle, wenn du auf der Straße läufst? Und wenn wir beide allein sind? Dabei strich sie ihm mit dem Schwamm über das Maul, als würde sie es liebkosen. Ich kenne alle deine Reaktionen, mein Lieber, wie du nach links ausscherst, wenn ich bremse, und wie du etwa bei fünftausend Umdrehungen, wenn du erregt wirst, anfängst zu vibrieren. Und wenn du verrückt nach mir bist, verbrennst du Öl, stimmt's? Ich weiß es... ja, wir werden immer zusammenbleiben. Und sie streichelte ihn mit dem Lappen aus Wildleder. Und du brauchst dir keine Sorgen wegen dieses schwarzen Buick zu machen, den wir heute überholt haben. Dieses fette, widerliche Mafiaauto. Es fehlte nur noch, daß da eine Leiche aus dem Kofferraum baumelte, nicht wahr?

Lange vor Rachels Schwärmerei für ihr Hengstfüllen hatte Maurice Maeterlinck in einem Aufsatz von 1920 den Motor des Autos wie einen lebenden Organismus analysiert. Das geheime tierische Wesen des Autos wird in einem Prozeß enthüllt, der meist bei seinem Innenleben ansetzt und sich

Herbie von Volkswagen für Walt Disney entworfen

über eine Reihe von Verweisen, Vergleichen und Analogien mit Organen und Funktionen des biologischen Körpers entfaltet. Vor allem gibt es verschiedene Rituale, die die Beziehung mit dem Wagen regeln – der »wunderbaren Bestie« –, welche auf jeden Fall zunächst durch einen umsichtigen Dompteur überwacht werden muß. Erst nach einiger Zeit ist es möglich, selbst die Zügel des »verdächtigen Hippogryhen« zu ergreifen, um diese geheimnisvolle Kraft, die von einer stärkeren Logik als derjenigen ihres Fahrers beseelt wird, zu beherrschen. Bevor man sich ihrer Macht überläßt, müssen ihre Organe auseinandergenommen und untersucht werden, erzählt uns der Neuling am Steuer, um dann fortzufahren, er kenne die empfindlichen Stellen, das tadellose Räderwerk, die Kinderkrankheiten und Schwächen des Wesens, das unter seinen Füßen brummt:

> Man hat mir sein Herz und seine Seele erklärt und den tiefen Kreislauf seines Lebens. Seine Seele, das ist der elektrische Funke, der sieben- bis achthundertmal in der Minute seinen

> Atem erglühen läßt. Sein schreckliches, kompliziertes Herz, das ist zunächst der Vergaser mit dem seltsamen Janusantlitz, der die Flüssigkeit abteilt, vorbereitet und verdampft, der die luftige Fee, die seit Anbeginn der Welt schlief, zur Macht beruft und mit der Luft vermählt, die sie erweckt. Dieses furchtbare Gemisch wird gierig durch die großen, benachbarten Eingeweide gepumpt, welche die Explosionskammer, den Kolben, die Ventile, kurz alle Lebenskräfte des Motors enthalten.

Sogar die Erkundung des Motors erhält allmählich immer kryptischere und geheimnisvollere Akzente, als spräche jemand, der sich wie ein neuer Prometheus den verborgensten Nervenknoten des Lebens nähert: »Da drunten«, schreibt Maeterlinck, »steckt in seinem Gehäuse, wie ein wütender Geist in einem zu engen Kerker, das geheimnisvolle Geschwindigkeitsgetriebe, das plötzlich am Fuß einer Anhöhe auf einen Hebeldruck zahllose Explosionen entfesselt, so daß der Kolben fieberhaft hin- und herarbeitet und alle Fibern des Untiers erbeben, während die stockenden Räder plötzlich mit vierfacher Kraft begabt sind.« Trotz der mythischen Sprache mit ihren Anspielungen und ihren physiologischen Begriffen ist die Beschreibung der einzelnen Motorteile in technischer Hinsicht einwandfrei. Es ist die Neuheit des mechanischen Gegenstands, seine Künstlichkeit, die zum Rückgriff auf Vergleiche aus der Welt der Mythologie oder dem Tierreich zwingt. Seine unbekannte technische Seite ist nie zuvor beschrieben worden, es gibt also noch keine Vergleiche oder metaphorischen Elemente, die klärend sein könnten. Wenn Marinetti behauptet, das Automobil sei schöner als die geflügelte Nike von Samothrake, gibt er mit diesem unangemessenen Vergleich auf jeden Fall ein Werturteil über den unerwarteten Gast ab. Von Gadda bis Bianciardi zeigen die vielen Randbemerkungen zum Thema Auto übrigens, wie reizvoll es ist, wenn in bezug auf ein bestimmtes Thema die Sprache erst noch entdeckt und erfunden werden muß.

Das heimliche tierische Wesen des Autos schließt andererseits nicht aus, daß es zu einer Art umgekehrter Metamorphose kommt, durch die der Mensch plötzlich eine seltsame funktionale Analogie zwischen seinen Organen und den Mechanismen des Automobils entdeckt. Ein Beispiel dafür ist ein Gedicht von Rudyard Kipling, einem Veteran unter den Autofahrern, das den Titel *Der sterbende Autofahrer* trägt. Hier wird die Analogie so weit getrieben, daß sogar der Gebrauch des Autos zur Metapher wird:

> Führe mich sanft zur Garage, das Auto und ich, wir trennen uns.
> Die Rekorde und die Wettrennen sind nichts mehr für mich.
> Dieser verdammte Zylinder, den der Doktor Herz nennt,
> klopft verzweifelt weiter...
> Die Gänge sind ausgeleiert, ich kann nicht mehr bremsen.

Ein originelles Beispiel für eine strategisch eingesetzte Anthropomorphisierung des Autos bietet in Italien Massimo Bontempelli mit seinem bereits zitierten Roman *522. Racconto di una giornata.* Das Buch erscheint um die Mitte der dreißiger Jahre, als man in Italien – wie schon zwei Jahrzehnte zuvor in Amerika – beginnt, Autos für breitere Käuferschichten zu entwerfen. Bontempellis neuartiger Einfall besteht darin, nach dem Vorbild Swifts die Beziehung zwischen dem Automobil – einem neuen Fiat 522 – und seinem Benutzer umzukehren. Das Auto ist das eigentlich denkende Geschöpf, das fühlt, leidet, agiert und unvermutete emotionale Reaktionen zeigt. Es ist beschämt, wenn es von anderen Wagen überholt wird, reagiert eifersüchtig, wenn es die Absätze einer Frau auf seinem Trittbrett spürt, und weiß sich auf seine Art subtil zu rächen. Dem Menschen bleibt nichts anderes zu tun, als sich um die materiellen und mechanischen Bedürfnisse des Wagens zu kümmern. Dieser ist der wahre Held der Erzählung, er hat die Macht, das menschliche Dasein in jeder Hinsicht zu verfremden. Bei dieser Umkehrung der Rollen zeigt das Auto eine durchaus liebenswürdige Hilfsbereitschaft und freundliches Verständnis für seinen Gast. Es handelt sich um ein fein abgestimmtes Verhalten, das sich für den Käufer in eine Botschaft von der beruhigenden Fügsamkeit des Gefährts verwandelt. Tatsächlich verbannt sie das beunruhigende Bild von D'Annunzios Feuerball nunmehr in die Archive der Literaturgeschichte. Ein solches Verhalten hat außerdem die Funktion, das gewisse Maß an Fremdheit, an mechanischer Kälte, ja an geheimer Angst, das der Vorstellung vom Auto ursprünglich anhaftete, abzuschwächen.

Eine starke, kindliche Kreatürlichkeit des Autos kommt bei Vittorio Sereni zum Ausdruck. Eine Stelle zeigt, wie aufmerksam er auf die kaum wahrnehmbaren Veränderungen, auf das unverwechselbare Krankheitssymptom bei dem mechanischen Gegenstand lauscht: »Doch das passiert auch bei Autos, bei Motoren: Es kommt der Moment, wo gerade ihre Regelmäßigkeit verrät, wie hinfällig sie sind; das geschieht, wenn man ein Auto liebgewinnt. Dann ist man gerührt, wenn man sein Keuchen hört, wodurch es sich als Schrottkarre entlarvt – und man leidet mit ihm wie mit einem kranken Kind, das schwer atmend gegen die Krankheit ankämpft, die stärker ist als es selbst. Es schlägt fröhlich seinen Rhythmus, scheinbar geht alles gut voran, und urplötzlich hast du Mitleid mit ihm, du merkst, daß es eine stockende, alte Mühle ist, ein altersschwacher Klapperkasten.« Man findet kaum ähnlich scharf beobachtete Epitheta für diese verborgene Natur des Autos, Worte, die eine Fülle an Assonanzen und Reimen heraufbeschwören, in denen das mechanische Wesen des Autos, ja seine Karosserie auseinanderfallen. Seine Teile lösen sich, um eine menschlichere, zerbrechlichere Natur zu offenbaren, die aus den Erinnerungen, Ängsten und Gefühlen eines mehr oder weniger langen Lebens gemacht ist. Wir erinnern in diesem Zusammenhang an den Ausruf von Marco Lodoli: »Nach Hause, bring mich nach Hause, mein kleiner Spider, denn du kennst ja den Weg ...« Und es sind gerade diese Erinnerungen und Gefühle, die das mechanische Gefährt vermenschlichen und mit einer vagen, undefinierbaren, geistigen Präsenz erfüllen.

Das deutlichste Beispiel einer Liebesbeziehung zwischen Mensch und Auto bildet jedoch ein Gedicht von Karl Shapiro aus dem Jahre 1942. In der letzten Strophe erreicht der Prozeß der Vermenschlichung ausdrücklich sinnliche Töne:

> Und wenn wir anhalten, steige ich nicht aus wie das Vögelchen, das aus dem Ei schlüpft,
> Oder wie der Fahrer in seiner Lederkluft, der mit einem lustvollen Grinsen von seinem Fahrzeug springt,
> Und auch du kauerst dich nicht hin wie ein Tier ohne Bewußtsein und siehst zu, wie ich weggehe,
> Sondern du lächelst mit dem tiefen Seufzen einer erfüllten Liebe.
> Und ich berühre dich noch einmal, während du still im Leerlauf läufst und dich anschickst, einzuschlafen.

Als man ihm vorwarf, mit diesem Gedicht Werbung für eine Automarke gemacht zu haben, sagte Shapiro: »Man zitiert mein Gedicht *Buick*, als wäre es eine Satire oder Ironie, aber so ist es nicht. Es ist vollkommen gradlinig, ein Liebesgedicht für einen Buick!«

Die Vorstellung einer umgekehrten Welt, in der die Autos sich vermenschlichen und die Menschen sich rein mechanischen Funktionen widmen, bildet das Hauptthema mehrerer Erzählungen von Dino Buzzati. Wieder einmal wird das Auto zum Träger einer Ahnung von etwas Wunderbarem oder Unwahrscheinlichem, das auf geheimnisvolle Weise unter der Alltäglichkeit verborgen ist, wo es sich von Zeit zu Zeit durch beunruhigende, warnende Zeichen zu erkennen gibt. Diese lösen eine richtige Metamorphose aus, in deren Verlauf die Fahrzeuge plötzlich eine unvermutete Anfälligkeit für menschliche Krankheiten zeigen, auf Verwahrlosung

MG Werbeanzeige, 1953

reagieren, sich Hoffnungen und Illusionen machen. Die scheußlichen Autofriedhöfe, die nicht einmal der verzweifeltste aller Diebe betreten würde, verwandeln sich in regelrechte Leprastationen, wo verrostete Schrottkisten ihren Leidensgefährten von ihren glücklichen Jahren, ihren Phantasien, ihren unvermeidlichen Lebenslügen erzählen. Im großen Schmerz der Erinnerung rühmt sich jede dieser traurigen Ruinen selbst, erfindet unglaubwürdige Heldentaten und ruhmreiche Tage, hochstehende Besitzer und unvergeßliche Reisen nach Feuerland, Fahrten mit Schallgeschwindigkeit. Die anderen lachen sie dann aus, sie wehrt sich, es kommt zum Streit und ein trauriges Geräusch aufeinanderprallender Blechteile verbreitet sich über die trostlose, verlassene Ebene.

Dort draußen, unter dem Himmel von Rom, sagt Gadda, »gibt es Scharen von ungezähmten Autos, die im Freien übernachten und überwintern«.

Von dieser Warte aus betrachtet, kann es dem Menschen

nicht leichtfallen, ein altes Auto loszuwerden. Ja, wir müssen uns auch fragen, was es für ein Fahrzeug bedeutet, verkauft oder, wenn es schon zu alt ist, auseinandergenommen und, wie man heute sagt, verschrottet zu werden. »Du willst mir das antun?«, fragt in Buzzatis Geschichte *Vecchia auto* der Mustang-Morrison flehend seinen Besitzer, der ihn einem Schrotthändler überlassen will. Ist der Motor abgeschaltet und das altersschwache, aber vornehme Auto somit zum Schweigen gebracht, kann es nicht mehr protestieren, weder bitten noch weinen. Auf seinem Gesicht aber erkennt man den schrecklichen Ausdruck eines Wesens, das sich ohne Vorwarnung oder Grund zum Tode verurteilt sieht. Vom Standpunkt des Besitzers aus gibt es allerdings einen Grund, und auch dieser verweist auf eine sogar sehr moderne Analogie zur Menschenwelt. Aus dem alten Auto soll nämlich der Motor herausgenommen und in ein anderes Gerät eingesetzt werden.

Nachdem es heute zum alltäglichen Gebrauchsgegenstand geworden ist und die Faszination einer neuen Technologie zum größten Teil verloren hat, bleibt dem Auto keine andere Wahl, als nostalgisch die Vergangenheit aufleben zu lassen – wie die Designer genau wissen – oder die Zukunft mit aller Gewalt zu beschleunigen. Die Romane von Jean Rouaud sind ein Beispiel für das sanfte Zurückströmen der Erinnerung in die verstecktesten Winkel eines Familienverbands und seiner Geschichte. Dabei gelingen sehr eindringliche Beschreibungen des Blechgehäuses der Familie, das in ein dichtes Netz aus Gefühlen und Erinnerungen eingewoben ist. Das Fahrzeug hat allmählich seine spiegelglatte Härte verloren, um jene unbestimmten Abrundungen seiner Silhouette, jene Porosität der Oberflächen anzunehmen, die noch den unbedeutendsten Gegenstand empfänglich machen für den Abdruck der vergehenden Zeit, und ihm eine poetische Aura verleihen. Diese Veränderung weckt verborgene Anlagen in dem Wagen, der jetzt von den Menschen zu zeugen scheint, die seine Form im Laufe vieler Jahre geprägt haben. Beschrieben wird diese Form in den anatomischen und physiognomischen Begriffen, die gemeinhin für Menschen benutzt werden, als ob diese sprachliche Identität, der es besonders um die wichtigen Details, die typischen Gesten, die Ticks der handelnden Personen geht, zur Fusion von Menschen und Dingen in ein und demselben Archiv der Erinnerung beitragen könnte: »Der 2 CV ist ein Schädelknochen von anthropomorpher Gestalt: Augenlöcher in der Windschutzscheibe, Nasenöffnungen im Kühler, Seitenblicke aus den Sonnenblendklappen, vorstehender Kieferknochen des Motors, leichte Wölbung im Scheitelbein des Dachs, es ist wirklich alles da, sogar der Höcker des Kleinhirns im hinteren Kofferraum«, so beginnt die Beschreibung des Wagens, der zunehmend die Merkmale des menschlichen Körperbaus annimmt und zu seinem auf das Charakteristische, Wesentliche konzentrierten Wahrzeichen macht. Dann führt Rouaud den Menschen als Verbindungsglied zwischen Beseeltem und Unbeseeltem, Mechanischem und Physiologischem ein: »Diesen Sitz des Denkens beherrschte, unbeweglich und einsam, der Großvater.« Der Mensch und das Automobil sind mit den Jahren zu ein und derselben Sache geworden, ihre Formen haben sich ineinander aufgelöst.

Nicht nur die Form des Wagens, auch seine Geräusche erhalten doppeldeutige, vielsagende Konnotationen: mechanisch kreischende und gleichzeitig schnarchende, versteckt tierische, fast menschliche. Ein unübertreffliches Beispiel ist eine Stelle in dem Roman *Ein Schmetterling flog auf* von James Agee, wo die Stimme des Autos nachgeahmt und so die menschliche Hinfälligkeit des mechanischen Gefährts, seine launenhafte Widerspenstigkeit und seine Macken verdeutlicht werden. Auf diese Stimmungsschwankungen eines lebenden Geschöpfs muß der Fahrer sich einstellen. Seine Frau weiß, daß ihr Mann, der soeben mit dem Auto abfahren will, sein möglichstes tun wird, um die Nachbarschaft nicht zu wecken. Sie weiß aber ebenso gut, daß es unmöglich ist, das Auto lautlos zu starten, und wartet darum mit belustigtem Interesse ... Folgendermaßen beginnt die Beschreibung der Geräusche, die beim Anlassen des Motors entstehen und im Haus zu hören sind:

> Uhgh – hy uh yu wäh uhy uh: wiik-uh-wiik-uh:
> Ughh – hy wh juh: wiik:
> (jetzt das fast lautlose, verzweifelte Hantieren mit Zündschlüssel, Ventil und Choker)
> Ughgh – Hjuh juhjuh wiik juh juh wiik wiik wiik juh juhjuh: wiik:
> (Töne, die sie nie ganz verstand und die sie doch genau voraussagen konnte):
> Ughgh – Ughgh – juhjuhUgh wiik juh juh Ughgh juh wiik wiik juhjuh: wiik wiik juhjuh: wiik wiik uh:
> (wie ein scheußliches, gräßliches, erkältetes großes Untier: wie ein mondsüchtiges Schluchzen: wie eine gefolterte Maus):
> Ughgh – Ughgh – Ughgh (der Ärmste, das mußte ihn ja verrückt machen) Ughgh – wiik – Whughugjuh – Ughwiik – juhuughgjughjuhjuhi a a a a a a h h h h h R h R h R h R H R H R H (so hör doch endlich auf!) R H R H (ein Fenster wurde geöffnet) R H R H R H R H R H R juhjuhh RRHRHRHRHRHRHRHRHRHRHRH (mit einem wütend triumphierenden Knall fiel die Tür ins Schloß) RhRhRh – – – – – – – (das Fenster ging herunter) RHRHRHRHRHR (im Rückwärtsgang rollte der Wagen aus der Garage; unter den Rädern knirschten die Schlacken). RHRH – – – – – (mit einer derben, aber geschickten Schwenkung lenkte er den Wagen in einer Rückwärtskurve fast bis an den Hühnerzaun; das Licht, das von der Straße her zwischen den Häusern hindurchschien, fiel auf die schwarze Seitenfront des Wagens) rhrh – – – – (eine scharfe Wendung um die Ecke der Garage und dann, in entgegengesetzter Richtung, in den schmalen, ostwärts führenden Weg) rhrh – – – – – – (da stand das Untier: gehorsam, bezwungen, und doch tückisch wie ein Maulesel. Jay, jetzt dem Haus zugewendet, tauchte kurz auf. Er sah sie, winkte mit der Hand – sie winkte zurück, aber er konnte sie schon nicht mehr sehen. Und nun schob er das Tor hinter sich zu und verschwand) rhrhrh

RHRHRHRHRHRHRHRHRHRH R
H
R
H
R
H
rh
rh
rh
rh
rh
rh
rh
rh
rh
rh
rh
rh

K atta wawwwwk:
Kraaawwrk?
Tschiquawkwawh.
Wrrawkuhkuhkuh.
Kraarrawwk.
rwrwrk?
irk.
rk:

Sie stieß einen tiefen Seufzer der Erleichterung aus; und ging ins Haus.

Im letzten Schnörkel dieser sichtbaren Geräuschkulisse erkennt der Leser eine ausdrückliche, vergnügte Hommage an einen der ersten Reisenden, Lawrence Sterne, und an seinen *Tristram Shandy,* den Roman aller Romane. Agee scheint damit beweisen zu wollen, daß das Auto in einen Dialog mit der bedeutendsten Erzähltradition treten und sich zu ihrem symbolischen Element machen kann.

Manchmal kann der Symbolcharakter die gesamte Erzählung der Ereignisse durchdringen, nachdem er sie zuvor in Gang gesetzt hat. Genau dies geschieht in den Romanen von Stephen King, in denen das Auto als Metapher des Romans und als eigentliches Vehikel der Erzählung auftritt. Der Held in der Geschichte *Misery* möchte die Hauptfigur seiner außerordentlich erfolgreichen Fernsehserie für immer beseitigen, um sich einer literarisch anspruchsvolleren und einfallsreicheren Erzählung zu widmen. Durch einen Autounfall gerät er jedoch in die Fänge einer paranoiden Krankenschwester, die ihn mit den verschiedensten Foltermethoden dazu zwingt, seine Serie so weiter zu schreiben wie bisher. Es ist also das Auto, das den Schriftsteller seiner gierigsten und tyrannischsten Anhängerin ausliefert und ihm auferlegt, eine bestimmte Form des Schreibens beizubehalten.

In wievielen Romanen bildet ein Autounfall, eine Autopanne, ein unvorhergesehener Halt das auslösende Moment der Handlung? Auf jeden Fall ist es immer ein Ereignis, mit dem gerade das Auto den Helden aus einer Welt der Gewohnheiten und erworbenen Gewißheiten hinauswirft, um ihn den wechselnden Launen des Schicksals auszuliefern. Von *Accident* von Joseph Losey, über *Weekend* von Jean-Luc Godard, bis zu *Drei Farben BLAU* von Krzysztof Kieslowski macht die Filmgeschichte den Autounfall zu einem ihrer Themen, oder genauer, zu einem Anfang, einem Auslöser schicksalhafter Ereignisse. Der Autounfall ist im täglichen Leben in einem Ausmaß präsent, das ihn zum Thema vieler Erzählungen werden läßt, also zu weit mehr als nur einem Vorwand für das Erzählen. »Die Geschichten von der Fernstraße«, die im Repertoire eines von Buzzati erfundenen, modernen Vortragskünstlers immer wieder auftauchen, sind die zeitgenössische Entsprechung zur alten Kunst des Fabulierens, die eine unendliche Reihe an Geschichten ineinander verschlingen konnte. Eine nach abstoßenden, blutrünstigen Bildern gierende Hörerschaft verlangt lauthals Berichte von immer tragischeren Autounfällen als bedeutungsvolle Zeichen des modernen Systems ritueller Opfer. »Oh Professor, es ist herrlich, von dir diese wunderschönen Geschichten von der Fernstraße zu hören. Na los, sei nett, es ist noch früh, warum erzählst du uns nicht noch eine?« Natürlich könnte der Professor mit tausend und einem Unfall weitermachen, wie Scheherazade, und ohne mit der Wimper zu zucken im grand-guignolhaften Schreckenskabinett seines Repertoires kramen. In ähnlicher Absicht malt Andy Warhol in den sechziger Jahren unter dem Titel *Car Crash* eine Reihe von Bildern mit Autounfällen, die er alten Zeitungsphotos entnommen hat. So macht er aus diesen Bildern wahre Ikonen der zeitgenössischen Opfermythologie und prangert gleichzeitig das krankhafte Interesse der Massenmedien an den Katastrophen und Unfällen auf den Straßen an. Die Wiederholung in einer Serie von Bildern macht diese Photographien in gewisser Weise vertraut, sie nimmt ihnen alles Aufsehenerregende, jeden heroischen Schein. »Sieht man sie wieder und immer wieder, verlieren auch die blutrünstigsten Bilder jede Wirkung«, sagt Warhol. Im Gegensatz zur Inszenierung des Autounfalls in Hollywoodfilmen und zum Gerede über den Tod durch die technologische Entwicklung nehmen sie dem Mythos vom Autounfall als letzter romantischer Geste oder als rebellischer Auflehnung gegen das Schicksal jede Faszination. Und das gelingt ihnen, indem sie, teilweise mit geschickten Überarbeitungen, das darstellen, was an einem Autounfall besonders abstoßend und grotesk ist. Die Opfer hängen an Telegraphenmasten, baumeln über den Wagentüren oder sind für immer im Autoinneren eingesperrt. Alle sind in menschliche Reste auseinandergerissen und unter die Überreste der Autos verstreut. Jedes dieser

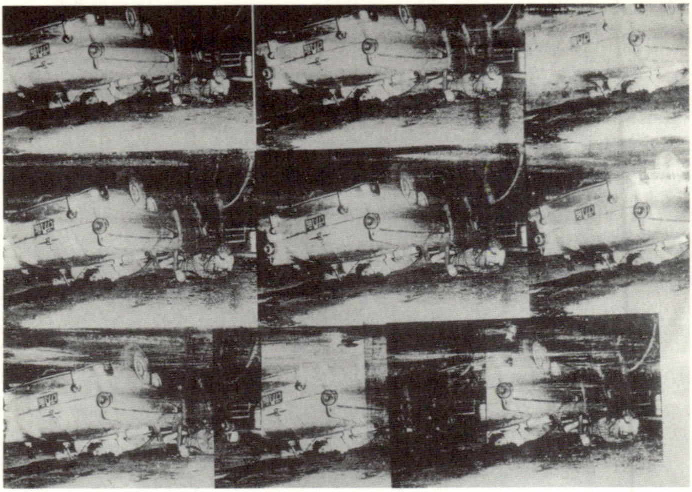

Andy Warhol, *Orange Car Crash Ten Times* (Detail), 1963

Opfer ist die Hauptfigur einer Szene, in der der amerikanische Traum zu einem Alptraum geworden ist. Eine fast zeitgenössische Entsprechung zu Warhols Bildern läßt sich in der amerikanischen Lyrik finden, von dem Gedicht *Auto Wreck* von Karl Shapiro bis zu dem grausameren *Far from the Shore* (1964) von George Bowering:

Er ist tot? Mein Freund ist tot?
Zerschmettert das Gesicht am lackierten Stahl,
Blutüberströmt und mit Glassplittern bedeckt,
Der Kopf zertrümmert, mit Öl und Blut bespritzt,
Ein Insekt, vom Getrampel auf dem Bürgersteig zerquetscht,
Die Jacke verloren und der Schlips im Schlamm verknotet.

Unser Leben ist so sehr von der Vorstellung des Autounfalls geprägt, daß seine Darstellung in besonders populären Filmszenen aufschlußreiche Hinweise birgt. Unschwer läßt sich in dem Auto, das unter einer Reihe von pyrotechnischen Explosionen in einen Abgrund stürzt, die Rache der beleidigten Natur an einer zu weit entwickelten und zu gewalttätigen technischen Welt erkennen. In den endlosen Verfolgungsjagden durch die Großstädte kann man leicht den auf den neuesten Stand der Technologie gebrachten, ewigen Kampf zwischen Gut und Böse ausmachen, wobei der Zuschauer das Chaos des Verkehrs und der Ereignisse von seinem Platz hinter dem Fahrer aus – dem Guten natürlich – entwirrt.

Einige Jahre vor *Misery* hatte King das Buch *Christine* veröffentlicht. So heißt ein heruntergekommener Plymouth Fury, Baujahr '58, den ein junger Mann kauft und wieder wie neu herrichtet. Es ist ein impliziter Verweis auf die Idee des Verstörenden bei Freud, wenn dieser alte, gewöhnliche Wagen sich gegen den Menschen, der ihn repariert hat, auflehnt und plötzlich eine geheimnisvolle Vitalität demonstriert, die es ihm ermöglicht, sich nach den fürchterlichsten Unfällen immer wieder zu erholen und sich so seinem Schicksal als Gebrauchsgegenstand zu entziehen. Nicht nur das, einem genialen Einfall folgend, den King allerdings zu sehr auf grelle Wirkung hin ausschlachtet, bewahrt das Auto die Erinnerung an seine früheren Besitzer: weniger die Abdrücke von Absätzen auf den Fußmatten, die Zigarettenkippen mit Lippenstift, die Kaugummikugeln im Aschenbecher, als vielmehr die Materialisierung der Gefühle, Enttäuschungen und haßerfüllten Gedanken, die sich im hintersten Winkel der amerikanischen Provinz jahrelang aufgestaut haben. Bei King repräsentieren Autos die Kehrseite der ausschließlichen Liebe, die der Amerikaner laut Faulkner für sein Auto hegt, denn hier wird der Besitzer zum Besessenen und das Besitzobjekt zu einer übermächtigen Gewalt, die sein Leben beherrscht. Die Soziologie hat das Phänomen wiederholt in alltäglicheren Begriffen analysiert. Ivan Illich zum Beispiel behauptet, daß der typische amerikanische Mann seinem Auto unendlich viele Stunden am Tag widmet: Er hofiert es, betastet es, setzt sich hinein, wenn er reist und wenn er ausruht, parkt es, sucht es dann, bewacht es und investiert einen großen Teil seines Verdienstes in das Auto. Im Grunde ist er von seinem Auto besessen, wenn auch auf weniger düstere und beunruhigende Weise als der Held bei Stephen King.

Das Thema der Wiederauferstehung des Autos hat eine Autorin fasziniert, die in einer ganz anderen literarischen Tradition steht. Bei Flannery O'Connor erscheint es in einer typisch naturalistischen Version. *Wise Blood* ist die Geschichte eines Vagabunden mit einer ausgeprägten Liebe zur Mechanik, der sich, statt die Menschen wahrzunehmen, die ihn beherbergen, ausschließlich seinem Ziel widmet, eine alte, weggeworfene Schrottkarre wieder lebendig zu machen. Alles wird diesem Plan geopfert, einschließlich der einfachsten Geste des Mitleids gegenüber dem wehrlosen Geschöpf, das seine Frau werden möchte. Erhellend ist in dieser Hinsicht der sarkastische Ton, mit dem die erste Ausfahrt des Wagens beschrieben wird: »Er kam unter einem Hagel von schnellen Explosionen aus der Hütte hervor, mit einer entschiedenen und imposanten Bewegung. Shiftlet saß kerzengerade am Steuer. Er trug einen sehr würdevollen Gesichtsausdruck, als hätte er soeben den Toten wieder zum Leben erweckt.«

Es gibt Wiederauferstehungen und Metamorphosen des Autos. Die kühnste Metamorphose, die ein Auto erlebt, ist von J. G. Ballard in seinem Roman *Crash* gestaltet worden – nach den Worten des Autors das erste Beispiel des Genres technologische Pornographie. Der Roman entwirft ein neuartiges Lebewesen, das aus der Verbindung zwischen dem Auto und seinem menschlichen Insassen hervorgeht. Aber es handelt sich dabei nicht nur um das Schneckenhaus, das mit seinem Inneren aus Fleisch und Blut eine Einheit bildet. Zwischen Wagen und Fahrer gibt es keine eindeutige Grenze: Der Mensch wird zu Metall, zu Plastik, sein biologischer Körper verlängert sich in der Karosserie des anderen, mechanischen Körpers, bis aus dem Auto eine monströse und obszöne Prothese geworden ist. Schon 1966 hatte Ernest Trova in seiner Skulptur *The Falling Man* ein Zwitterwesen dargestellt, mit dem er zeigen wollte, daß die paradoxe Metamorphose des Menschen in ein Auto nichts anderes ist als das letzte Stadium seiner Evolution: Aus Beinen und Armen werden Räder und Achsen, auf denen ein geschlechtsloser Körper liegt, dessen Bauchnabel als Benzintank dient, während aus dem Brustkorb Schläuche herauskommen, die aussehen wie Flossen und an die Herkunft des Menschen aus dem Wasser erinnern. Zehn Jahre nach Ballard spricht auch Paul Virilio vom Wunsch des im Autoinneren eingeschlossenen Passagiers »nach einem Körper aus Metall«, nach einer Vereinigung mit dem Fahrzeug: »Als würde der materialistische Westen mit der Revolution der Fortbewegung seine Metempsychose in die Gegenwart der Körper einbauen; ohne auf die Wanderung durch Geburt oder Tod zu warten, beschleunigt die Industrie der Bewegung die Übergänge von hier nach dort, von einem zum anderen. Wir vereinigen uns mit dem Fahrzeug und fahren los, eingeschlossen in das Schleudern der Geschwindigkeit, eingemauert in die Energie der Reise.« In einer Welt der großstädtischen Alpträume überlagern sich die Vinyloberflächen mit den Chromverzierungen und durchbohren die weiche Haut des Körpers. Morasso und der futuristische Vitalismus hätten dies die wunderbare Ehe zwischen Fleisch und Stahl genannt. Für die Hauptfiguren des Romans von Ballard haben zusammenstoßende Autos und Sexualität sich tatsächlich zu einer endgültigen Einheit verbunden. Narben und Wunden sind die Zeichen einer neuen Form erotischen Begehrens, hervorgerufen vom perversen Gebrauch der Technologie. Der Roman möchte einen apokalyptischen Ton annehmen und vom Ende der Welt erzählen, das die ziellose Vermehrung der Autos heraufbeschworen hat, und dessen eindeutige Vorzeichen er zu lesen weiß. Ballard hat dieses Ziel jedoch nicht erreicht, denn das Buch kommt über eine groteske Tautologie kaum hinaus: eine Situation, die bis zum Überdruß wiederholt wird. Seine besten Momente hat der Roman dort, wo er distanziertere Töne anschlägt, wie beim abschließenden Blick auf einen gewaltigen Stau aller Autos in einer zur Bewegungslosigkeit verdammten Welt. Tausende von Fahrern, die am Autobahnrand bis hin zum Horizont untätig in ihren Autos sitzen, bilden einen alptraumartigen Anblick der mechanischen Landschaft.

Durch die unkontrollierte Vermehrung der Autos auf der Erde können geheimnisvolle, ansteckende Keimherde entstehen, die sich – wie eine Art ökologischer Wachstumskontrolle – durch die Abgase und die Promiskuität in den Garagen verbreiten. Nur wenn die infizierten Autos vernichtet werden, läßt sich die Zahl der Todesfälle verringern. Mit der üblichen Umkehrung der Rollen macht Buzzati in seiner Erzählung *La peste motoria* Autos zu Hauptfiguren einer Geschichte, die sich an der literarischen Darstellung großer Epidemien orientiert, von Defoe bis Manzoni, und die letzten Nachrichten über den furchtbaren Ebola-Virus verarbeitet. Die Krankheitssymptome betonen die auch hier im Hintergrund stehende Idee der Metamorphose der Wagen in Lebewesen, die leiden und sich zersetzen können wie biologische Körper: »Über die Vorboten und Erscheinungsformen der geheimnisvollen Krankheit hörte man alles mögliche«, beginnt der Erzähler, und fährt dann fort: »Es hieß, daß sich die Infektion an einem hohlen Nachhall im Motorgeräusch zeige, wie bei Verstopfung durch einen Katarrh. Dann blähen sich die Gelenke zu monströsen Buckeln auf, die Oberflächen bedecken sich mit gelben, stinkenden Krusten und schließlich zersetzt sich der Motorblock in einem unentwirrbaren Durcheinander aus Achsen, Pleuelstangen und zerbrochenen Räderwerken.«

Vom Dämon der Geschwindigkeit bezwungen, endet das 20. Jahrhundert nun mit der Einsicht in die totale Bewegungsunfähigkeit, die es selber hervorgerufen hat. Es gibt jedoch hervorragende literarische Texte, die die einzigartigen erzählerischen Möglichkeiten einer Situation wie der Schlußszene in Ballards Roman zu nutzen wissen, zumal dergleichen immer häufiger in den Tagesnachrichten berichtet wird. Auslösendes Ereignis einer Erzählung von Julio Cortàzar ist ein riesiger Stau auf der Autobahn, der Tausende von Autos mitten auf dem Land in einer Gegend südlich von Paris für unbestimmte Zeit blockiert. Die in den sechziger Jahren besonders weit verbreiteten Automarken sind, auf den Autobahnspuren zusammengepfercht wie Sardinen, alle vertreten: Dauphine, Peugeot 203 und 404, der 2 CV, Caravelle, Simca, Ariane, Taunus, Citroën ID, Porsche, Lancia, Mercedes Benz, R4, DKW, R8, Skoda, Mini Morris, Austin, Fiat 1500, Floride, Anglia, Volvo, De Soto... Ihre vornehmen Namen werden sie im Verlauf der Erzählung ihren jeweiligen Besitzern und Insassen leihen, wodurch deren Bezeichnungen sich dem Grad an Fiktionalität anpassen, den diese Erzählung erreicht. Alle müssen die Härte einer Wirklichkeit erfahren, in der eine Reise nicht nur von Geschwindigkeitsexzessen, wie die Soziologen sagen, sondern auch von deren Gegenteil, vom erzwungenen Stillstand aus unvorhersehbaren Gründen, aufgehoben, zunichte gemacht, zerstört werden kann. In seiner maßlosen Überzeichnung wird dieser Stau zur Metapher der total technisierten Gesellschaft. Er tritt wie ein rätselhaftes Ereignis auf, das die Uhren anhält und eine andere Zeitordnung einführt, welche Merkmale des Mythos besitzt: »Jeder konnte auf seine Uhr schauen, aber es war, als ob die an das rechte Handgelenk gebundene Zeit oder das Piepen des Radios eine ganz andere Sache bezeichnete.« In der anderen, den menschlichen Konventionen entzogenen Zeit, in der Blockade der Autos, werden nämlich, mitunter staunend und gerührt, jene Prinzipien wiederentdeckt, durch die sich die latente Wildheit der menschlichen Verhaltensweisen in eine zivilisierte Gesellschaftsform verwandeln läßt. Mitten unter den glänzenden, aber sinnlos gewordenen Emblemen der raffiniertesten Technologie entdeckt man den Tausch wieder, dann den Handel, elementare Dienstleistungen werden organisiert, man erfindet Solidarität, Freundschaften und Liebesgeschichten beginnen. Als diese mobile Gesellschaft, die zwangsweise in Behausungen aus Blech und Glas wohnt, wo sie der harten Winterkälte und der Hitze des Sommers ausgesetzt ist, sich auf ebenso unerklärliche Weise wieder in Bewegung setzt, wie sie angehalten hatte, löst sich der moralische Wert des wiederentdeckten Sinns für Gegenseitigkeit, lösen sich Freundschaft und Liebe auf, als endete hier eine Fiktion, die ihre ganz eigenen Regeln und Konventionen besaß. Nichts bleibt von der endlosen Pause, während derer man den Sinn des Lebens wiedergefunden hatte: »Und alles fuhr mit achtzig Stundenkilometern auf die langsam größer werdenden Lichter zu, nunmehr ohne zu wissen, wozu diese ganze Eile diente, warum diese nächtliche Fahrt zwischen unbekannten Autos stattfand, wo niemand etwas von den anderen wußte, wo alle starr geradeaus blickten, immer nur geradeaus.«

Jemand bleibt auf den Autobahnen, auf den Zubringerstraßen stecken, und kann dort auch die Orientierung verlieren, sich von den vielen Spiegelungen und identischen Wiederholungen völlig verwirren lassen. Dies geschieht dem Helden in Michel Tourniers Buch *Das Liebesmahl*, der glaubt, er habe sein Auto verloren, obwohl er es einfach auf der anderen Seite des Spiegels, auf der gegenüberliegenden Seite der Autobahn, auf dem anderen Platz, neben dem genau identischen Eingang geparkt hat. Eine viel dichtere Metaphorik herrscht in dem Finale, auf das Tom Wolfe seine Hauptfigur in *Fegefeuer der Eitelkeiten* zusteuern läßt. Der junge Emporkömmling in der Finanzwelt von New York nimmt auf dem Weg nach Hause die falsche Autobahnausfahrt und fällt buchstäblich in eine Art Danteschen Höllengraben: »Eine Rampe ... Mit einemmal war keine Rampe, keine säuberlich abgegrenzte Schnellstraße mehr da. Er war unten angekommen. Es war, als wäre er auf einen Schrottplatz gefallen.« Die Irrfahrt auf der falschen Straße führt zum Verlust der Orientierung und der Selbstbeherrschung und leitet einen fortschreitenden Auflösungsprozeß ein: Nachdem er einen Schwarzen überfahren hat, sieht der Finanzmakler sich schon bald von der Presse, dem Gericht, von Verwandten und Opfern verfolgt. Seiner gesamten Habe beraubt, sitzt er schließlich bettelarm auf der Straße, genau dort, wohin ihn sein Auto geführt hatte:

> Vollkommen leer, ein weites, unbebautes Gelände. Querstraße auf Querstraße – wieviele? – sechs? acht? ein Dutzend? –, ganze Stadtviertel, in denen kein Haus mehr stand. Man sah Straßen und Bordsteinkanten und Gehwege und Lichtmasten – und nichts weiter. Das unheimliche Gitternetz einer Stadt breitete sich vor ihm aus, vom chemischen Gelb der Straßenlampen beleuchtet. Hier und da sah man Spuren von Schotter und Schlacke. Die Erde sah aus wie Beton, nur daß sie in dieser Richtung nach unten ... und in der anderen Richtung nach oben verlief ... die Hügel und Täler der Bronx ... auf Asphalt, Beton und Asche reduziert ... in einem geisterhaften gelben Dämmerlicht.

Wir sollten uns öfter an einen anderen Aspekt des Autos erinnern, der uns gestattet, es einmal nicht unter der düsteren, apokalyptischen Perspektive zu betrachten, aus der es meistens gesehen wird. Wir können es mit einer vielleicht illusionären oder schon längst der Vergangenheit angehörenden Assoziation als eine Art treue Rosinante verstehen, die auf den endlos weiten Ebenen umherschweift, wo die Windmühlen stehen. Zwischen dem Auto und der Schriftstellerei besteht ein geheimes, unausgesprochenes Bündnis, das auf die ersten motorisierten Reisen zurückgeht, dessen Entwicklung aber nie wirklich verfolgt wurde. Dieses Bündnis hat Julio Cortàzar in seinem Buch *Los autonautas de la cosmopista* auf lebendige und originelle Weise neu beschrieben. Das Werk, das als hellsichtige Beschwörung am Rande des Abgrunds bezeichnet wurde, ist eine getreue Aufzeichnung all der flüchtigen, winzigen aber genauen Beobachtungen und unmittelbar wiedergegebenen Seelenregungen zweier Reisender. Cortàzar und seine Gefährtin Carol Dunlop, beide soeben von einer Krankheit genesen, befahren eine der prosaischsten Strecken überhaupt, die Autobahn von Paris nach Marseille. Diese Fahrt ist voller Ironie und Aufmerksamkeit für die gewöhnlichsten und unpoetischsten Aspekte des Reisens und der Straße, von der Flora und Fauna, die auf den Parkbuchten gedeiht, bis zu den Szenen und Handlungen, die sich während dieser »interminable fiesta de la vida« abspielen. Aber es handelt sich auch um ein von unabänderlichen Regeln beherrschtes Spiel: Regeln, die gebieten, die Autobahnstrecke niemals zu verlassen und auf allen Parkplätzen anzuhalten … bis »treinta y tres maravillosos días« vergangen sind. Eine solche Reise kann gar nicht anders, als ein eigenes »diario de ruta« hervorzubringen, in dem die genaue Abfolge von Tagen und Stunden verzeichnet ist. Zum geschriebenen Text gehört eine mit Ansichtskarten, Straßenkarten, Photographien gespickte Bilddokumentation: ein Palimpsest aus Beobachtungen, Ideen und Gefühlen, zwischen die immer wieder Zeugnisse der erlebten Wirklichkeit geschoben werden. Ein Tagebuch und ein Baedeker für den Autonauten, der uns wie ein neuer Pausanias oder ein auferstandener Yorick ermahnt, daß jede Reise sich am Ende in ihre eigene Aufzeichnung verwandeln sollte, ja, daß sie damit einer alten kulturellen Gepflogenheit folgt, die seit jeher zur Verwandlung der Reise in die magische Textur des Geschriebenen geführt hat. Daß die Reise überdies auf einer der meistbefahrenen, langweiligsten Strecken stattfindet, daß sie sich auf die banalsten und offensichtlichsten Ereignisse während der Fahrt beschränkt und das Ziel ganz außer acht läßt, wirkt wie eine provozierende Geste gegenüber einer Zeit wie der unseren, in der man verzweifelt einer unmöglichen Exotik und selten gewordenen, außergewöhnlichen Reiseerlebnissen hinterherjagt oder die Reise zu adeln versucht, indem man sie nach den Spuren oder den Reiseberichten anderer gestaltet. Da ist es besser, alle Regeln zu unterlaufen, das Ziel und den Zweck der Reise gleich ganz zu streichen. In diesem Sinn tritt das Buch wie eine zeitgemäße Neufassung der *Empfindsamen Reise* von Lawrence Sterne auf, einer Fahrt durch Frankreich und Italien, die nie über Paris hinauskommt: eine Parodie auf alle Reisen und alle Reiseberichte. Mit ihrer extremen Form erzeugt Cortàzars Reise jedoch ebenfalls eine neuartige Wirkung, nämlich diejenige, die Hauptfiguren vom Zwang der Uhren zu befreien, indem sie in die Welt einer hyperrealistisch gestalteten, absoluten Fiktion geraten, die sich als solche jeder zeitlichen Dimension entziehen muß. Es ist, wie schon der Untertitel sagt, eine zeitlose Reise von Paris nach Marseille.

Manchmal scheint der Sinn der Unternehmung tatsächlich nur in der Dringlichkeit des Reisezwecks und in der Erhabenheit des Ziels zu liegen. Und doch kann sich oft auch in diesen Fällen der Zauber des Autos durchsetzen, den Geist befreien und durch den Fluß der Bewegung schon die Reise durch den Raum selber zum Ziel machen. Dies ist der unausgesprochene Grund für den Titel des letzten Aufsatzes einer Sammlung Josè Saramagos, *Die perfekte Reise*. Dahinter verbirgt sich die Fahrt zweier politischer Aktivisten, die sich während der letzten Phase der portugiesischen Diktatur von Lissabon in ein Dorf im Landesinneren begeben, zu Menschen, denen die Bezeichnung Volk wie die eigene Haut paßt. Der Reiz der Geschichte liegt jedoch ganz in der Verzögerung der Reise, im Aufschub des Ziels, im Warten auf die Durchführung der Mission, an deren glücklichem Gelingen das harmonische, vertrauenerweckende Geräusch des fahrenden Wagens Anteil zu haben scheint. Denn der Wagen weiß, daß sich in dieser Reise das beglückende Gefühl eines erfüllten Lebens konzentriert:

> Wir hatten keine Eile. Der Motor des Autos brummte wie ein Violoncello, dessen einziger, vibrierender Ton sich unendlich lang ausdehnte. Wenn der Gang gewechselt wurde, hörten wir das weiche Zischen der Reifen auf dem Asphalt, und in den Kurven war das Keuchen des Reifengummis wie eine Warnung, obgleich das gewohnte, friedliche Murmeln dann gleich wieder anhob. Wir sprachen über Dinge, die wir vielleicht schon wußten, die aber in der Wiederholung so neu und so alt erschienen wie die Morgenröte.

Hier wird das Auto so selbstverständlich wie nie zuvor zu einem Teil der Reise durch das Leben, es nähert sich dem Reittier, das einst die begeisterten Pilger trug. Hatte Erasmus von Rotterdam sein *Lob der Torheit* während seiner Reise nach England nicht auf dem Rücken eines Pferdes geschrieben?

»Wenn du übers Land reisen mußt, brauchst du ein Auto, das in gutem Zustand ist«, sagt in Osvaldo Sorianos Roman *La hora sin ombra* der Vater zu dem Helden, der sich anschickt, in einem alten Auto aus den sechziger Jahren die grenzen-

Cadillac Coupe von 1951

losen Pampas zu erforschen, um einen *Führer durch die argentinischen Leidenschaften* zu schreiben. Der Wagen, den der Vater für ihn in Ordnung bringen läßt, spielt im Roman eine wichtige Rolle: »Jetzt weiß ich, daß er dieses Auto für mich hat instand setzen lassen, damit ich die Reise antreten und schreiben kann, wo immer es mir beliebt«, bemerkt die Hauptfigur. Wirklich hatte sein Vater das Autowrack in eine Werkstatt gebracht und von oben bis unten auseinandergenommen, hatte die noch verwendbaren Teile so säuberlich gereinigt, als wären es Diamanten, und sich, was fehlte, beschafft. Innerhalb weniger Monate hatte er alles montiert und das Auto lackiert und poliert, daß es wie nagelneu aussah. »Ich hatte ihm gesagt, daß ich es leid bin, in Buenos Aires zu hocken«, fährt der Autor fort, »daß ich im Land herumfahren und während der Reise schreiben wollte, und er hatte sich in den Kopf gesetzt, daß wir zusammen fahren müßten wie in alten Zeiten. Darum hatte er monatelang gearbeitet, um den alten Torino wieder aufzumöbeln, und hatte sogar eine zusammenklappbare Schreibfläche für den Rücksitz gebaut, damit ich während der Reise die tragbare Macintosh benutzen konnte.« Auch das Auto von Soriano ist also ein wiedergeborenes Gefährt, aus Bruchstücken und Teilen der Vergangenheit neu zusammengebaut. Was ein solcher Wagen symbolisch vorwegnimmt, ist nicht nur eine Reise durch den Raum, sondern auch durch die Zeit. Das Auto kündigt so die Geschichte an, die in ihm geschrieben wird, die aber nicht der geplante Führer durch die Leidenschaften ist, sondern ein unvorhergesehener Roman, der Roman seines eigenen Lebens, der Beziehung zu den Eltern, die in ihren jeweiligen Vorstellungswelten beschrieben werden: Der Vater, der alle Filme der Welt gesehen hat, die Mutter, die alle Träume Hollywoods geträumt hat. Das Auto bildet also die Summe aller Fiktionen, aber – und dies ist einer der interessantesten Aspekte von Sorianos Schreibweise – es ist auch eine Metapher für eine Romangattung, auf die es fortwährend verweist, indem es jene Autoren nennt, die diese Tradition begründet haben, vom Lieblingsautor Cervantes an. Alle werden sie hier mit Fragmenten, Sprüchen, Aphorismen zitiert. Das Auto in Sorianos Buch ist voller Erinnerungen, voller Romanskizzen und Anmerkungen, die auf dem Bordcomputer notiert werden. Ein Auto voller Hinweise auf den literarischen Kanon, voller Pläne und Illusionen bis hin zum abschließenden Gedankenblitz, der mit großen Buchstaben auf das Autodach geschrieben wird, zum Zeichen, daß das Auto endgültig mit dem Schreiben, die Reise mit dem Roman zusammenfällt: »Jetzt weiß ich, wie das Ende meines Romans aussehen wird«, sagt der Held, »es ist mir plötzlich eingefallen, als ich zwischen den Sträuchern urinierte. Ich bin schnell zurückgelaufen, um es aufzuschreiben, dabei bin ich über die Büsche gestolpert, und bevor es mir wieder entwischen konnte, habe ich es mit einem roten Stift auf das Dach des Torino geschrieben. Es ist ein Ende voller Anspielungen, vieldeutig wie der letzte Satz einer Symphonie.«

Daß das Auto von Zeit zu Zeit als Metapher und Gleichnis für das Schreiben auftritt, ist ein recht häufig vorkommendes Stilmittel in der Literatur. Walt Whitman zum Beispiel wurde von D. H. Lawrence als jemand beschrieben, der »ein Auto mit einem mächtigen Scheinwerfer durch die Dunkelheit des Universums immer auf der Spur einer fixen Idee steuerte. Auf diese Weise sah er alles, genau wie ein Fahrer in der Nacht.«

Die Reise des anderen

Man kann über die Bücher anderer schreiben, man kann Reisen nach dem Vorbild ihrer Reisen machen. Auf stillschweigende, häufig verschleierte Weise ist dies zu verschiedenen Zeiten geschehen, vor allem wenn es darum ging, Bildungsreisen oder Reisen zur Einführung in die Erwachsenenwelt auf bekannten Strecken zu unternehmen. Anders sieht hingegen das Verhalten desjenigen aus, der sich bewußt auf eine Reise auf den Spuren eines anderen Reisenden begibt. In diesem Fall durchläuft man die Gedanken, Gefühle und Empfindungen des anderen noch einmal, man übernimmt seinen Blick und seine Wahrnehmungsfähigkeiten, und nicht zuletzt folgt man seinen Reisewegen. Dann verdoppeln sich Straßen und Orte und erscheinen uns als das, was sie sind oder als das, was sie in unseren Augen sind, aber zusätzlich auch so, wie sie dem anderen erschienen sind, dem, der diese Wege vor uns ging und sie dabei besungen hat. Es ist, als erfaßten wir das Ganze mit dem Blick und sähen es gleichzeitig mit den Augen der Einbildungskraft. Das Schöne und Angenehme der Dinge liegt, wie Leopardi wußte, in dieser zweiten Form eines Sehens durch das Vorstellungsvermögen. Wenn man mit den Augen des anderen reist und beobachtet, baut man mit an seinem Ruhm oder trägt zu seiner Verehrung bei. Und vor allem unternehmen wir auf diese Weise die einzige Reise, die heute noch möglich ist, die einzige, die diesen Namen noch verdient.

Seit nunmehr vierzig Jahren ist *Unterwegs* von Jack Kerouac ein Kultbuch, in dem dank der unendlichen Reinkarnationen des Autos der Nomadeninstinkt des amerikanischen Pioniers wieder auflebt. Die vielen Reisen, die Sal (Jack Kerouac) und Dean (Neal Cassady) unternehmen, ziehen sich durch den gesamten nordamerikanischen Kontinent, vom Osten der puritanischen Ursprünge bis zum Westen der Grenze – »dem phantastischen Ende Amerikas« –, bis zum Mutterschoß des Südens, wo alle Reisen wieder neu anfangen. Die Reise von Sal und Dean ist schon an sich eine ironische Reise, das heißt, sie findet gleichzeitig als wirkliche Reise und als Reise in der Vorstellung statt. Was die erste Seite betrifft, so genügt es, unter dem besonderen Gesichtspunkt unseres Themas, dem Autofahren, darauf hinzuweisen, daß die Beziehung zwischen dem Auto und der Geschwindigkeit hier trotz gelegentlicher verächtlicher Vergleiche der filmischen Darstellungsweise sehr nahekommt, an die sich die Gesellschaft längst gewöhnt hat: »Es schien als ob wir nicht mal siebzig fuhren, aber die anderen Autos blieben wie tote Fliegen hinter uns zurück auf dem schnurgeraden Highway nach Greeley.« Die Art und Weise, wie der teuflische Dean die Insassen des Plymouth terrorisiert, wird wiedergegeben, als säße man selber in dem Wagen und hätte einen starken Adrenalinstoß: »... und Dean schleuderte den Wagen frontal auf den Truck zu, der uns entgegengedonnert kam, schwankte, zögerte einen Moment, während das Gesicht des Lastwagenfahrers vor unseren Augen erbleichte und die Leute hinten keuchend vor Schreck zurücksanken, und riß ihn in letzter Sekunde wieder herum.«

Gerade die Beziehung zwischen den beiden Hauptfiguren, die nach dem Vorbild von Melvilles Figuren Ismael und Ahab gestaltet ist, zeigt uns jedoch auch, daß *Unterwegs* ein Roman mit vielen verschiedenen Stimmen ist, und diese Seite tritt um so deutlicher in Erscheinung, je mehr sich seine Funktion als Manifest des Lebensgefühls einer Generation im Verlauf des Romans auflöst. Dann bemerkt man nämlich, daß die Reise der beiden – und hier liegt der zweite Aspekt der erzählerischen Ironie – eine Reise durch die literarischen Gattungen und ihre Formen, Techniken und erzählerischen Mittel ist: Bekenntnis, initiatorische Reise, pikaresker Abenteuerroman. Auch auf dieser Seite des Romans, wo viele Stimmen gleichzeitig ertönen, spielt das Auto eine wesentliche Rolle, insofern es sich fortwährend für Vergleiche mit Schiffen anbietet: »Es war ein phantastisches Auto, es lag auf der Straße wie ein Boot im Wasser«, bis der eigentliche Grund für diese Assoziationen zum Vorschein kommt, die das Auto mit der Pequod, dem mythischen Schiff vergleichen: »Als ich zur See fuhr, hatte ich beim Einschlafen immer an die rauschenden Wellen unter der Nußschale des Schiffes gedacht, an die grundlose Tiefe darunter – und jetzt spürte ich, keinen halben Meter unter mir, den Asphalt, auf dem wir mit vollen Segeln dahinbrausten, auf dem wir mit unglaublichem Tempo über den stöhnenden Kontinent flogen, mit diesem übergeschnappten Kapitän Ahab am Steuer.« Der Reiz von *Unterwegs* liegt heute in genau diesem ständigen Wechsel zwischen zwei verschiedenen Erzählhaltungen, die sich wechselseitig erhellen. Nicht zufällig folgen auf den eben zitierten Passus scharfsinnige Beobachtungen darüber, wie die Geschwindigkeit vom Auto aus wahrgenommen wird: »Wenn ich die Augen schloß, sah ich nur die Straße, die sich in mich hineinrollte. Schlug ich sie auf, sah ich vibrierende Schatten von Bäumen über den Wagenboden zucken.« Oder man nehme eine andere Stelle, ein Bravour-

Roy Lichtenstein, *In the car*. 1963

stück, synkopiert, ganz aus Beschleunigungen und Verlangsamungen, aus Sprüngen und Pirouetten gemacht, über Deans Arbeit in New York, wo er der phantastischste Parkplatzwächter der Welt war, ein Auto mit siebzig Stundenkilometern rückwärts in eine unglaublich enge Lücke hineinquetschen und knapp vor der Mauer anhalten konnte, um dann hervorzuschießen, mitten durch die Kotflügel zu laufen, in ein anderes Auto zu springen, es mit achtzig Stundenkilometern auf engstem Raum im Kreis fahren zu lassen, urplötzlich rückwärts in eine unsichtbare winzige Parklücke zu stoßen, rrrums, das Auto mit der Handbremse so zum Stehen zu bringen, daß man es hochschnellen sah, während er herausschoß.

Mit der durchaus nicht zufälligen, sondern für sein weiteres Geschick recht günstigen Wahl eines grünen Autos bei einem Autoverleiher in New York beginnt das Buch von Cesare Fiumi, *La strada è di tutti*, das den Reiserouten Jack Kerouacs von New York bis Kalifornien und dann wieder nach Mittelamerika und in die Südstaaten folgt. Auf dieser

Fahrt führt der Autor einen ununterbrochenen Dialog mit Kerouac, zitiert und rezitiert seine Ansichten und Urteile, und hebt die Veränderungen hervor, die vierzig Jahre in den Städten des großen Landes und in der grenzenlosen *wilderness* bewirkt haben. »Die Straße war zu Ende«, bemerkt Fiumi zum Schluß, »Seit einiger Zeit schon fragte ich mich, was ich während dieser Reise über zehntausend Meilen, bei der ich einem Buch gefolgt bin, das vor vierzig Jahren erschienen ist, gefunden hatte, und was ich mit nach Hause nahm.« Die einfachste und alles umfassende Antwort, die wir anzubieten hätten, ist die, daß er uns gezeigt hat, daß es notwendig zu jeder Reise gehört, einem Buch zu folgen, denn dieses Buch verweist wieder auf andere Bücher und weitet damit die für die Einbildungskraft unerläßliche zeitliche Dimension der Reise aus. Nur in diesem Sinn können wir uns den alten Sinnspruch zu eigen machen, nach dem die Reisen, wie die Prüfungen, niemals enden. Und Fiumi selber erzählt uns, daß er, während er mit einem Thunderbird, dessen Würde nur noch in seinem Namen bestand, auf der Suche nach Kerouac und seinem strahlenden Engel am Steuer war, schließlich vielen Mythen und Erscheinungen der amerikanischen Geschichte begegnet sei, ja sogar irgendwann den ausgemergelten Stevenson erblickt habe, wie er auf seiner mühsamsten und passioniertesten Reise im Zug die großen Ebenen durchquert habe.

Ist also die einzige, heute noch mögliche Reise im Auto jene ironische und sentimentale Fahrt, die sich bewußt auf die Spuren eines anderen begibt, ob es sich nun um einen unverbesserlichen Reisenden, einen Landschaftsforscher oder einen Städtemaler handelt? Haben wir für immer den Wunsch nach jenem außergewöhnlichen Instrument der Freiheit und der Erkenntnis verloren, das Wharton und Proust uns als erste zu lieben lehrten? Wenn wir nur an die verstopften Autobahnen, an die Schwierigkeiten, in die großen städtischen Ballungszentren hinein- und wieder herauszufahren oder an den Grad der Luftverschmutzung denken, können wir dem nur zustimmen. Und doch hält das Auto weiterhin die Möglichkeit einer subtilen Verzauberung für uns bereit, und das nicht nur auf den ungewohnten Strecken. Um sie wahrzunehmen, muß man eine rituelle Einstellung gegenüber dem Auto einüben, die nichts Hastiges oder Gewohnheitsmäßiges hat, sondern überlegt und bedächtig ist, ähnlich wie die liebenswert bange Sorgfalt, die wir den Vorbereitungen zu einer langen Reise vorbehalten. Soll es sein ganzes freundliches Entgegenkommen ausdrücken, soll es uns eine brummende, wunderbare Leichtigkeit und einen zurückhaltenden Empfang bieten, benötigt das Auto eine geschickte Strategie der Verstellung: Wir müssen es behandeln, als lebten wir in einem anderen Zeitalter, in einer unmöglichen, romantischen Einsamkeit. Nur so betrachten wir es durch den Filter der Erinnerung und können eine intensivere Beziehung zu seinem Inneren eingehen, die alle Hindernisse und Verkehrsstaus beiseite räumt und uns auf das unendliche, einsame Band der Straße versetzt. Es handelt sich hierbei um eine Vorstellung, an der sich die Autodesigner fleißig üben, wenn sie die Linien und technischen Lösungen neuer Fahrzeuge mit einem Blick auf die Vergangenheit entwerfen, um auf einstmals berühmte Modelle anzuspielen. Das Vorbild eines anderen, nach dem wir unsere Reise gestalten, kann wieder einmal nur eine Frage der Einbildungskraft sein. Dies ist just der Unterschied zwischen dem Benutzen und dem Fahren des Autos, zwischen der verschwindenden Zeit und dem rasenden Leben.

Agee, James A., *Ein Schmetterling flog auf*, Reinbek bei Hamburg 1962.
Apollinaire, Guillaume, *Dichtungen*, München 1981.
Baker, R. S./van Osdol, P. L. (Hg.), *The Wor(l)d on Wheels: reading/thinking/writing about the automobile in America*, Boston 1972.
Balestra, Gianfranca, *Edith Wharton, Henry James and the Proper Vehicle of Passion*, in: *Technology and the American Imagination*, Venedig 1994.
Ballard, James G., *Mythen der nahen Zukunft. Science-fiction Erzählungen*, Frankfurt/M. 1985.
Bardi, Pietro Maria, *La strada e il volante*, Turin 1995 (1. Aufl. Rom 1936).
Baricco, Alessandro, *Benzinaio da grande*, in: *Barnum*, Mailand 1995.
Barthes, Roland, *Mythen des Alltags*, Frankfurt/M. 1964.
Batcheller Bates, Tryphosa, *Italian Castles and Country Seats*, 1911.
Beccaria, Gian Luigi, *L'automobile, un'officina di parole*, in: *Letteratura e industria*, Florenz 1997.
Becker, Jens Peter, *Das Automobil und die amerikanische Kultur*, Trier 1989.
Bellucci, Alberto, *L'automobile italiana 1918–1943*, Bari 1984.
Benni, Stefano, *Die Bar auf dem Meeresgrund. Unterwassergeschichten*, Berlin 1999.
Bernheim, Emmanuèle, *Der rote Rock*, Stuttgart 1999.
Bianciardi, Luciano, *Viaggio in Barberia*, Turin 1997.
Bierbaum, Otto Julius, *Eine empfindsame Reise im Automobil von Berlin nach Sorrento* (1903), München 1972.
Bontempelli, Massimo, *522. Racconto di una giornata*, Turin 1995 (1. Aufl. Mailand 1932).
Bowen, Elizabeth, *Pictures and Conversation*, London 1974.
Burgess, Wise David, *Storia dell'automobile*, Novara 1977.
Buzzati, Dino, *Sessanta Racconti*, Mailand 1958.
– *Le notti difficili*, Mailand 1971.
Byron, Robert, *Europe in the Looking Glass*, London 1926.
Cahill, Tim, *Road Fever*, London 1995.
Caldwell, Erskine, *Die Tabakstraße*, Reinbek bei Hamburg 1976.
Carver, Raymond, *Ultramarine*, 1986.
Cassady, Neal, *The First Third and Other Writings*, 1971.
Cecchi, Emilio, *Corse al trotto*, in: *Saggi e vagabondaggi*, Mailand 1962.
Céline, Louis-Ferdinand, *Tod auf Kredit*, Reinbek bei Hamburg 1963.
Cohan, Steven/Hark, Ina Rae, *The Road Movie Book*, London 1997.
Collins, Joseph, *My Italian Year. Observations and Reflections in Italy during the last Year of War*, New York 1919.
Cortàzar, Julio, *Südliche Autobahn*, in: *Das Feuer aller Feuer*, Frankfurt/M. 1976.
Cortàzar, Julio/Dunlop, Carol, *Los autonautas de la cosmopista, o un viaje atemporal Paris–Marsella*, Madrid 1993.

cummings, e.e., *Gedichte*, Ebenhausen 1982.
D'Annunzio, Gabriele, *Vielleicht – vielleicht auch nicht* (1910), München 1989.
Dauliac, Jean-Pierre/Menu, Jean/Saka, Pierre, *Histoire de l'automobile en France*, Sautron 1982.
Delerm, Philippe, *Der erste Schluck Bier*, Bern 1998.
Demolder, Eugène, *L'Espagne en auto. Impressions de voyage*, Paris 1906.
Dettelbach, Cynthia Golomb, *In the Driver's Seat. The Automobile in American Literature and Popular Culture*, Westport (Conn.) 1976.
Donovan, Frank, *Wheels for a Nation*, New York 1965.
Dos Passos, John, *Hochfinanz* (1933), Reinbek bei Hamburg 1979.
Doyle, Roddy, *Paddy Clarke Ha Ha Ha*, Frankfurt/M. 1999.
Ehrenburg, Ilja, *Das Leben der Autos* (1929), Stuttgart 1983.
Faulkner, William, *Die Stadt* (1957), Zürich 1982.
– *Sartoris* (1929), Reinbek bei Hamburg 1961.
Fellini, Federico, *Intervista*, Zürich 1997.
Felsen, Henry Gregor, *Hot Road*, New York 1950.
Fitzgerald, Francis Scott, *Der große Gatsby* (1925), Zürich 1974.
– *The Cruise of the Rolling Junk*, in: »Motor«, 1924.
– *Ein Diamant, so groß wie das Ritz* (1922), Zürich 1990.
Fiumi, Cesare, *La strada è di tutti. On the Road, sulle piste di Jack Kerouac*, Mailand 1998.
Flindt, James, *The Car Culture*, Cambridge (Mass.) 1975.
Flint, Jerry, *The Dream Machine. The Golden Age of American Automobiles, 1946–1965*, New York 1976.
Flower, Raymond/Wynn Jones, Michael, *100 Years on the Road*, New York 1981.
Gadda, Carlo Emilio, *Dell'automobile*, in: »Pirelli«, 4 (1955).
Glaser, Hermann, *Das Automobil: Eine Kulturgeschichte in Bildern*, München 1986.
Grossman, David, *Zickzackkind*, München 1996.
Guichard, Ami, *Au temps des automobilistes*, Lausanne 1965.
Hamonic, Paul, *De Paris á Perouse. Promenades à travers l'Italie d'autrefois*, Paris 1915.
Hawkes, John, *Die zweite Haut*, Köln 1971.
Hemingway, Ernest, *Die Stories*, Reinbek bei Hamburg 1996.
– *A Moveable Feast*, New York 1996.
Hennessy, William J., *The Automobile and the American Imagination*, in: *Technology and the American Imagination*, Venedig 1994.
Huxley, Aldous, *Along the Road. Notes and Essays of a Tourist*, Leipzig 1939.
– *Jesting Pilate* (1927), London 1994.
– *Parallelen der Liebe* (1925), München 1977.
James, Henry, *Italian Hours*, Boston/New York 1909.

Jerome, John, *The Death of the Automobile. The Fatal Effects of the Golden Era 1955–1970*, New York 1972.
Joyce, James, *Dubliner*, Frankfurt/M. 1986.
Keats, John, *The Insolent Charriots*, Philadelphia 1958.
Kerouac, Jack, *Unterwegs*, Reinbek bei Hamburg 1998.
King, Stephen, *Christine*, München 1991.
– *Misery*, München 1999.
Kipling Rudyard, *Selected Verses*, Harmondsworth 1977.
Konody, Paul G., *Through the Alps to the Appennines*, London 1911.
Lacey, Robert, *Ford, the Man, and the Machine*, Boston 1986.
Laurenzi, Carlo, *Teologia dell'automobile*, in: *Il Milione 1968*, Novara 1968.
Lee, Vernon, *The Motor-Car and the genius of Places*, in: *Genius Loci and the Enchanted Places* (1906), Leipzig 1995.
Lewis, David/Goldstein, Laurence, *The Automobile and the American Imagination*, Ann Arbor 1983.
Lewis, Sinclair, *Benzinstation* (1919), Reinbek bei Hamburg 1986.
– *Sam Dodsworth* (1929), Reinbek bei Hamburg 1984.
Lodoli, Marco, *Der Wind*, Salzburg 1998.
Madini, Pietro, *Automobilismo romantico*, Mailand 1906.
Maeterlinck, Maurice, *Der doppelte Garten*, Jena/Leipzig 1920.
Mailer, Norman, *Auf dem Mond ein Feuer*, Stuttgart 1972.
Marge, Pierre, *Voyage en Dalmatie, Bosnie-Herzégovine et Montenegro*, Paris 1905.
Mirbeau, Octave, *La 628-E8*, Paris 1908.
Moon, William Least-Heat, *Blue Highways. Eine Reise in Amerika*, Frankfurt/M. 1985.
Mora, Franca, *Calvino in Topolino*, in: *Storie di scrittori e di libri*, Viterbo 1993.
Morand, Paul, *Teuf-teuf*, in: *1900*, Paris 1931.
– *Le voyage*, Paris 1994.
Morasso, Mario, *La nuova arma (la macchina)*, Turin 1905.
Nabokov, Vladimir, *Lolita*, in: *Gesammelte Werke, Bd. 8*, Reinbek bei Hamburg 1989.
O'Connor, Flannery, *Wise Blood*, New York 1952.
Ortega y Gasset, *La morale del automovil en España*, in: *Obras Completas, IV.*, Madrid 1983.
Pichois, Claude, *Vitesse et vision du monde*, Neuchâtel 1973.
Piersanti, Claudio, *L'amore degli adulti*, Mailand 1989.
Pirandello, Luigi, *Die Aufzeichnungen des Kameramannes Serafino Gubbio* (1915), in: *Werkausgabe Bd. 3*, Mindelheim 1986.
Placci, Carlo, *In automobile*, Mailand 1908.
Platt, Dan Fellows, *Through Italy with Car and Camera*, New York 1908.
Proust Marcel, *Tage im Automobil*, in: *Gegen Saint-Beuve* (1907–1912), Frankfurt/M. 1997.

Pynchon, Thomas, *V.*, Reinbek bei Hamburg 1988.
– *Die Versteigerung von Nr. 49*, Reinbek bei Hamburg 1989.
Rae, John B., *The Road and the Car in American Life*, Cambridge (Mass.) 1971.
Ramondino, Fabrizia, *In viaggio*, Turin 1995.
Reed, J. D., *Expressways*, New York 1969.
Rose, Barbara, *Claes Oldenburg*, Katalog der Ausstellung im Museum of Modern Art, New York 1970.
Rosenbaum, Jean, *Is our Volkswagen a Sex Symbol?*, New York 1972.
Rouaud, Jean, *Des hommes illustres*, Paris 1990.
– *Die Felder der Ehre*, München 1995.
Russo, John Paul, *Grand Tour in Italy: by Car?*, in: *Technology and the American Imagination*, Venedig 1994.
Sachs, Wolfgang, *Die Liebe zum Automobil: ein Rückblick in die Geschichte unserer Wünsche*, Reinbek bei Hamburg 1984.
Sandburg, Carl, *The Complete Poems*, New York 1970.
Sanguineti, Edoardo, *L'estetica della velocità*, in: *Poeti e poetiche del primo Novecento*, Turin 1966.
Saramago, José, *A Bagoyem do viajante*, Madrid 1986.
Scaraffia, Giuseppe, *Miti minori*, Palermo 1995.
Schlumberger, Léon-Gustave, *Voyage dans les Abruzzes et les Pouilles*, in: »Revue des Deux Mondes« vom 1. 2. 1916.
Shapiro, Karl, *Person, Place and Thing*, New York 1942.
Soriano, Osvaldo, *La hora sin ombra*, Madrid 1995.
Stein, Gertrude, *Kriege, die ich gesehen habe*, Frankfurt/M. 1992.
Steinbeck, John, *Die Früchte des Zorns* (1939), München 1996.
– *Straße der Ölsardinen* (1945), München 1986.
Tournier, Michel, *Das Liebesmahl*, Frankfurt/M. 1993.
Tubbs, Douglas B., *Art and the Automobile*, New York 1978.
Türr, Stefania, *Le impressioni di un'automobilista*, Florenz 1930.
Updike, John, *Short days*, in: »The New Yorker« vom 10. 3. 1962.
Viale, Guido, *Tutti in taxi. Demonologia dell'automobile*, Mailand 1996.
Virilio, Paul, *Geschwindigkeit und Politik. Ein Essay zur Dromologie*, Berlin 1980.
Weesner, Theodore, *The Car Thief*, New York 1967.
Wharton, Edith, *Italian Backgrounds*, New York 1905.
– *Frankreichfahrt. Von Boulogne nach Leon*, Frankfurt/M. 1997.
– *A Backward Glance*, New York 1933.
Wiegersma, Friso, *Frau und Auto*, Amsterdam 1981.
Williams, Mason, *Autobiography*, in: *Flavors*, New York 1964.
Williams, Stanley T., *Two in a Topolino*, 1956.
Wolfe, Tom, *Fegefeuer der Eitelkeiten*, München 1997.
Woolf, Virginia, *Mrs. Dalloway* (1925), Frankfurt/M. 1977.
Yates, Dornford, *Jonah & Co.*, London 1933.

Vom gleichen Autor

Als Reisen eine Kunst war

Vom Beginn des modernen Tourismus: Die ›Grand Tour‹

Die Geschichte vom Beginn unserer Sehnsucht in die Ferne: Wie die ersten neugierigen Herren (später auch Damen) der Gesellschaft zur Bildungsreise aufbrechen, die naturgemäß im Kunstland Italien endet.

Aus dem Italienischen von Annette Kopetzki

WAT 274. Deutsche Erstausgabe. 224 Seiten mit vielen Abbildungen

Italiens Mitte

Alte Reisewege und Orte in der Toskana und Umbrien

Die alten Reisewege durch das Herz Italiens und seine Orte, beschrieben von Pilgern, Adligen, Schriftstellern, Malern. Ein Hand- und Lesebuch für die Toskana-Fraktion.

Aus dem Italienischen von Annette Kopetzki

WAT 313. Deutsche Erstausgabe. 192 Seiten mit vielen Abbildungen

Wagenbachs *andere* Taschenbücher

Norberto Bobbio *Rechts und Links*

Gründe und Bedeutungen einer politischen Unterscheidung

»Für diese italienische Einmischung, mit Lust am Demokratischen, mit Leidenschaft gegen die Denunziation von Demokratie als Gleichmacherei, kann man nur dankbar sein.« *Die Zeit*

Aus dem Italienischen von Moshe Kahn
WAT 311. 96 Seiten

D. H. Lawrence *Etruskische Orte*

Eine schöne Wiederentdeckung: die ›etruskische Reise‹ des großen Schriftstellers D. H. Lawrence, den der Skandal um Lady Chatterleys Liebhaber aus England vertrieben hatte. Eine Reise sowohl an etruskische Orte als auch in ihre Gedankenwelt.

Aus dem Englischen von Oswalt von Nostitz
Mit einem Vorwort von Anthony Burgess
WAT 359. 192 Seiten mit vielen zeitgenössischen Photos

Baldassare Castiglione *Der Hofmann*

Lebensart in der Renaissance

Berühmte Tischgespräche aus der Renaissance über Sitten und Kultur, Lebensart und den Umgang von Frauen und Männern miteinander.

Aus dem Italienischen von Albert Wesselski
Mit einem Nachwort von Andreas Beyer
WAT 357. 144 Seiten

Friederike Hausmann

Kleine Geschichte Italiens von 1943 bis heute

»Ein handliches, ebenso sachkundiges wie lesbares Buch, das den Schlüssel zum Verständnis Italiens liefert.« *Die Zeit*

Aktualisierte Neuausgabe
WAT 288. 224 Seiten mit vielen Photos

Wagenbachs *andere* Taschenbücher

Brunello Mantelli

Kurze Geschichte des italienischen Faschismus

Die einzige Geschichte des italienischen Faschismus auf dem deutschen Markt: von den Anfängen bis zum Fall.

Aus dem Italienischen von Alexandra Hausner
WAT 300. Deutsche Erstausgabe
192 Seiten mit vielen Abbildungen

Romano Bilenchi *Mein Vetter Andrea*

Geschichten aus der Toskana

Zehn Geschichten aus dem Herzen der Toskana, voll portraitistischer Kraft, in kunstvoller Knappheit und nachdrücklicher Schlichtheit erzählt.

Aus dem Italienischen von Moshe Kahn
WAT 353. 128 Seiten

Vitaliano Brancati *Der schöne Antonio*

Roman

»Brancati enthüllt die sizilianische Erotomanie in ihrer ganzen Absurdität. In einer Gesellschaft, wo der Begriff der Ehre seine höchste Bedeutung findet im Ausdruck ›Ehre bei einer Frau einlegen‹, ist Antonios Unglück die größte denkbare Schmach.« Alice Vollenweider

Aus dem Italienischen von Arianna Giachi
WAT 351. 336 Seiten

Ermanno Cavazzoni *Kurze Lebensläufe der Idioten*

Kalendergeschichten

Voller Sprichwörter und Lebensweisheiten, voller Narren, die einen zu kleinen Kopf und ein zu großes Herz haben, die sich für Piloten, Maler oder Nutten halten, für verdoppelt, verteufelt oder verzwergt.

Aus dem Italienischen von Marianne Schneider
WAT 314. 128 Seiten

Wagenbachs *andere* Taschenbücher

Carlo Emilio Gadda

Die gräßliche Bescherung in der Via Merulana

Roman

Das Hauptwerk des ›Vaters der modernen italienischen Literatur‹ und einer der mustergültigen Romane der Moderne – zugleich ein verwirrender, bis zur letzten Seite spannender Kriminalfall.

Aus dem Italienischen von Toni Kienlechner
WAT 329. 352 Seiten

Goffredo Parise *Der schöne Priester*

Roman

»Parise besaß die Fähigkeit, die Welt mit den Augen des Einzelgängers zu sehen, nicht mit den tausend Augen der öffentlichen Meinung.« Natalia Ginzburg

Aus dem Italienischen von Hellmut Ludwig
WAT 295. 272 Seiten.

Luigi Pirandello *Das dritte Geschlecht*

Novellen von Frauen, Männern und Ehefrauen

»Wer heute diese Geschichten liest, merkt wie folgenreich dieser Autor ist: bis in die Gegenwart, bei Calvino, bei Malerba, bei Cavazzoni finden sich immer wieder Erzählkonstellationen, die ohne Pirandello nicht zu denken wären.«
Roland H. Wiegenstein

WAT 336. 184 Seiten

Mario Soldati *Briefe aus Capri*

Roman

Ein amerikanischer Intellektueller ändert für eine sinnliche Römerin sein Leben. Ein Roman über das Begehren und die Liebe: Soldati erhielt dafür den angesehensten italienischen Literaturpreis, den ›Premio Strega‹.

Aus dem Italienischen von Herbert Schlüter
WAT 330. 320 Seiten

Verlag Klaus Wagenbach, Berlin